손에 잡히는 Vim
Getting Started with Vim

손에 잡히는 Vim

초판 1쇄 발행 2011년 3월 31일 **3쇄 발행** 2017년 5월 25일 **지은이** 김선영 **펴낸이** 한기성 **펴낸곳** 인사이트 **편집** 김승호 **제작·관리** 박미경 **용지** 월드페이퍼 **표지출력** 소다미디어 **인쇄** 현문인쇄 **제본** 자현제책 **후가공** 이지앤비 **등록번호** 제10-2313호 **등록일자** 2002년 2월 19일 **주소** 서울시 마포구 잔다리로 119 석우빌딩 3층 **전화** 02-322-5143 **팩스** 02-3143-5579 **블로그** http://blog.insightbook.co.kr **이메일** insight@insightbook.co.kr **ISBN** 978-89-6626-000-3 책값은 뒤표지에 있습니다. 잘못 만들어진 책은 바꾸어 드립니다. 이 책의 정오표는 http://www.insightbook.co.kr에서 확인하실 수 있습니다. 이 책의 국립중앙도서관 출판예정도서목록(CIP)은 서지정보유통지원시스템 홈페이지(http://seoji.nl.go.kr)와 국가자료공동목록시스템(http://www.nl.go.kr/kolisnet)에서 이용하실 수 있습니다. (CIP제어번호: CIP2011001292)

Copyright © 2011 김선영, 인사이트

이 책 내용의 일부 또는 전부를 재사용하려면 반드시 저작권자와 인사이트 출판사 양측의 서면에 의한 동의를 얻어야 합니다.

ProgrammingInsight

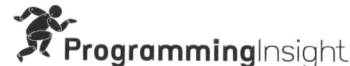

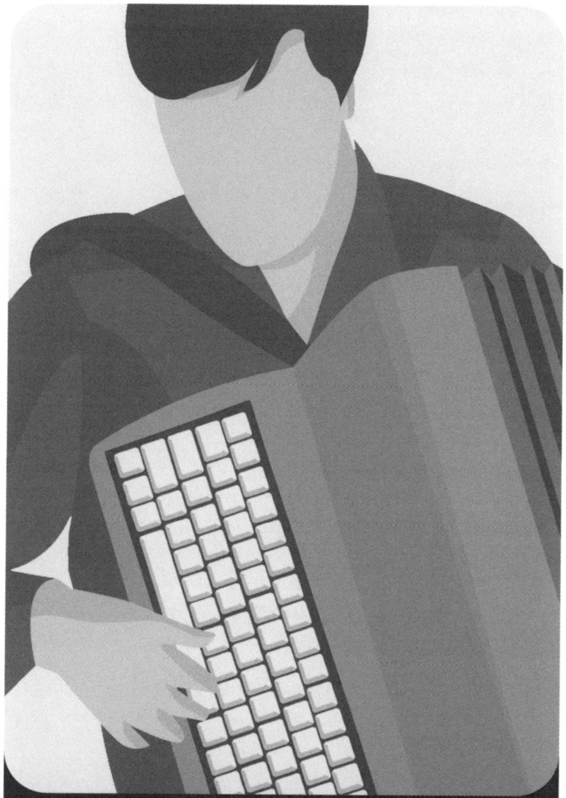

손에 잡히는 Vim

김선영 지음

인사이트
insight

차례

지은이의 글 ··· xii

1장 Vim의 배경과 설치 ─────────── 1
1.1 라인 에디터부터 Vi와 Vim까지의 발자취 ················ 2
   Vi, Vim의 장점 ·· 3
   Vim과 이맥스 ·· 4
1.2 리눅스에 Vim 설치하기 ·· 5
   레드햇 계열(레드햇, 페도라, CcntOS 등) ················ 5
   데비안 계열(데비안, 우분투 등) ······························ 6
   alias 설정하기 ·· 6
1.3 윈도에 Vim 설치하기 ·· 7
1.4 맥 OS X에 설치하기 ·· 8
   Cocoa 버전(MacVim) ·· 8
   Carbon 버전(gvim) ·· 9

2장 Vim 입문 ─────────────── 11
2.1 Vim 실행하기 ··· 12
   입력하기 ·· 12
   저장하기 ·· 14
   종료하기 ·· 15
   다른 이름으로 저장하기 ·· 15
2.2 일반 모드, 입력 모드, 명령행 모드 ·························· 16
   모드가 필요한 이유 ··· 16
   Vim의 모드 전환 ··· 18
2.3 강제로 명령하기 ··· 20
   강제 종료하기 ··· 20
   강제 덮어쓰기 ··· 21

2.4 커서 이동하기 ··· 22
　상하좌우로 이동하기 ··· 23
　화면 스크롤하기 ·· 24
　문서의 특정 위치로 이동하기 ······································ 25
　현재 위치 확인하기 ·· 25
2.5 삭제, 복사, 붙이기, 취소하기··································· 26
　삭제하기··· 26
　붙여넣기··· 28
　복사하기··· 29
　작업 취소하기 ·· 29
2.6 범위 ··· 30
　범위 지정하기 ·· 31
　비주얼 모드·· 32
　일반 비주얼 모드 ·· 33
　비주얼 라인 모드 ·· 33
　비주얼 블록 모드 ·· 34
　비주얼 모드에서 커서 이동하기 ································ 35
　비주얼 모드 응용하기 ·· 35

3장 옵션, 도움말, 에러 처리 ─────────── 37

3.1 Vim의 옵션 ·· 38
　옵션 상태 확인하기 ·· 38
　옵션 설정하기 ·· 39
　편집과 관련된 옵션 ·· 41
　행 번호 출력 옵션 ·· 41
　자동 들여쓰기 옵션 ·· 42
　확장된 자동 들여쓰기 옵션 ··· 42
　탭 크기 옵션·· 43

블록 시작 들여쓰기 옵션	43
화면 너비 옵션	44
3.2 옵션과 색상 테마 저장하기	44
설정 파일 만들기	44
문법 오류 표시	46
색상 테마	47
3.3 도움말 사용하기	50
도움말 보기	50
도움말 검색어 자동 완성하기	51
도움말 내용 살펴보기	51
3.4 에러 처리	53
파일 중복 열기 에러	53

4장 문자열 관련 기능 — 59

4.1 문자열 정렬	60
가운데 정렬	60
오른쪽 정렬	61
문자열 너비 설정	61
4.2 문자, 문자열 검색하기	62
문자 검색하기	62
문자열 검색	63
커서 위치의 단어 검색	65
4.3 문자열 교체하기	66
문자열 교체하기 옵션	66
문자열 교체 전 확인하기	67
교체 문자열에 구분자가 포함된 경우	68
4.4 특수 문자 교체하기	68
운영체제에 따른 텍스트 파일 저장 방식	69
바이너리 모드	70
도스 형식 파일을 유닉스 형식 파일로 변환하기	70
유닉스 형식 파일을 도스 형식 파일로 변환하기	72
텍스트 형식 변환 옵션	73
특수 문자 입력 방법	73

4.5 정규 표현식으로 교체하기 ··· 74
　　각 행 끝에 〈BR〉 태그 추가하기 ································ 75
　　메일 주소와 URL을 앵커 태그로 감싸기 ················· 75
　　연습문제 4.1 ·· 79

5장 파일 관련 기능 ──────────────── 81

5.1 파일 열기 ·· 82
　　Vim 실행 중 다른 파일 열기 ····································· 83
　　열었던 파일 다시 열기 ·· 83
　　한꺼번에 여러 파일 열기 ·· 84
　　여러 파일 닫기 ··· 85
5.2 다양한 파일 저장법 ··· 85
　　파일 저장하기 ·· 86
　　변경 사항이 있을 때만 파일 저장하기 ··················· 86
5.3 창 분할 ··· 86
　　창 수평 분할하기 ··· 87
　　창 수직 분할하기 ··· 88
　　분할된 창 닫기 ··· 88
　　복합 분할 ··· 89
　　여러 파일을 분할된 창에 열기 ································ 90
　　창 크기 조절하기 ··· 90
　　파일 내용 비교하기 ··· 91
5.4 탭 페이지 ··· 91
　　탭으로 열기 ·· 92
　　탭 사이 이동하기 ··· 92
　　탭 열고 닫기 ··· 93
5.5 디렉터리 탐색하기 ··· 94
　　파일 목록 이동하기 ··· 95
5.6 파일 열기(고급) ··· 96
　　버퍼(파일) 목록 보기 ·· 97
　　버퍼 목록에 파일 추가하기 ····································· 98
　　본문에 등장한 파일명 인식하여 열기 ··················· 99

5.7 파일 인코딩 ··· 101
　인코딩 읽기 옵션 ·· 101
　인코딩 형식의 종류 ··· 101
　기본 인코딩 형식 설정하기와 현재 인코딩 형식 확인하기
　·· 103
　파일 인코딩 형식 변환하기 ································· 103

6장 편리한 편집 기술 ─────── 105

6.1 단어와 문장 사이를 이동하기 ····················· 106
　단어나 특별한 경계로 움직이기 ····················· 106
　괄호나 문단, 블록 단위 이동 ··························· 108
6.2 오퍼레이션 펜딩 모드 ···································· 109
　오퍼레이션 펜딩 모드란? ·································· 109
　범위 지정하기 ··· 110
6.3 약어 매크로 ·· 111
　약어 설정과 해제 ··· 113
6.4 레지스터 활용하기 ··· 114
　편집 관련 레지스터 ·· 115
　기능 관련 레지스터 ·· 115
　파일 관련 레지스터 ·· 116
　사용자 등록 레지스터 ··· 116
　레지스터 복사, 삭제, 붙여넣기 ······················· 118

7장 자동화 ─────── 121

7.1 키 매핑(단축키) ·· 122
　단축키 설정하기 ·· 122
　연습문제 7.1 ·· 124
7.2 자동 명령 ·· 124
　파일 관련 이벤트에 따른 자동 명령 ·········· 124
　파일 타입에 따른 자동 명령 ···························· 126
　자동 명령 그룹화와 해제 ···································· 126
　연습문제 7.2 ·· 127

7.3 반복된 작업 녹화하기 ·· 127
   1. clientlist.txt와 clientmail.txt 파일 열기 ······················ 128
   2. 녹화 시작 ·· 129
   3. 고객 번호 복사 ·· 130
   4. 고객 번호로 검색 ·· 130
   5. 검색된 행의 메일 주소 복사 ···································· 131
   6. clientlist.txt에 메일 주소 붙여넣고 녹화 끝내기 ················ 131
   7. 녹화된 내용 재생 ·· 132
   8. 녹화 내용 확인하기 ·· 133
   9. 범위를 지정하여 매크로 수행하기 ······························ 135
   10. 매크로 수정하기 ·· 136
   연습문제 7.3 ·· 138

8장 프로그래머에게 유용한 기능 ———————————— 141

8.1 들여쓰기 재정렬 ··· 142
8.2 탭 대신 공백 사용하기 ·· 143
   탭 대신 공백 입력 ·· 144
   기존 탭 문자 ↔ 공백 변환 ·· 144
8.3 단어 완성 ··· 146
   단어 자동 완성 ··· 146
   더하기 낱말 모드 ··· 147
8.4 HTML 변환하기 ··· 148

9장 플러그인 ———————————————————————— 151

9.1 플러그인 설치 ··· 152
9.2 NERD tree ·· 154
9.3 snipMate ·· 156
   예약어 목록 보기 ··· 157
9.4 matchIt ··· 157
9.5 tagList ·· 158

부록 A 연습문제 답안 ———————————————————— 161

A.1 4장 연습문제 ··· 161

4-1. URL을 앵커 태그로 둘러싸는 정규 표현식 ············ 161
A.2 7장 연습문제 ··· 161
7-1. 〈F3〉으로 현재 디렉터리 탐색하기 ················ 161
7-2. 〈CTRL-L〉로 〈ESC〉q/를 실행하기 ················ 161
7-3. 스왑 파일 존재에 따라 자동 실행 ················· 161
7-4. '유닉스'를 찾아 '리눅스'로 변환하기 ············· 162

부록 B Vim 설정 파일 예제 — 163

부록 C 정규 표현식 — 165
문자 지정 그룹 ·· 166
반복 지정 패턴 ·· 166
위치 지정 패턴 ·· 167
그룹 지정 패턴 ·· 167
이스케이프 ··· 168
얼터네이션 ··· 168
그룹 지정과 백레퍼런스 ······································ 168
문자 클래스 ·· 168

부록 D 주요 명령어와 단축키 — 171
D.1 일반 모드 ·· 171
모드 전환 관련 명령 ··· 171
커서 이동 관련 명령 ··· 172
복사/삭제/붙이기 관련 명령 ································ 172
undo/redo 관련 명령 ·· 172
검색 관련 키맵 ·· 173
파일 관련 명령 ·· 173
레지스터 관련 명령 ·· 173
녹화와 재생 관련 명령 ······································ 173
D.2 입력 모드 ·· 174
단어 완성 관련 명령 ··· 174
D.3 명령행 모드 ··· 174
인수 검색과 확장 관련 명령 ······························· 174

파일 관련 명령	174
교체 관련 명령	175
문단 관련 명령	175
창, 탭 관련 명령	175
약어 관련 명령	175
레지스터 관련 명령	176
단축키 관련 명령	176
자동 명령 관련 명령	176
D.4 유용한 옵션	176
찾아보기	177

지은이의 글

세상에는 수많은 에디터가 나와 있습니다. 윈도 메모장, 울트라 에디터, Vim, 이맥스(Emacs) 같은 간단한 에디터도 있고, 이클립스(Eclipse), 드림위버(DreamWeaver) 같이 특수한 목적에 사용되는 에디터도 있습니다. 이렇게 다양한 에디터가 존재하는 이유는 각 분야마다 편리한 에디터 형태가 다르기 때문입니다.

그렇다면 사용자는 어느 에디터에 익숙해져야 좋을까요? 이 문제에 대해 가장 알맞은 답은, 배우는 데 들이는 시간보다 생산성 향상이 더 크다면 어느 에디터건 다루는 방법을 배워야 한다는 것입니다. 하지만 에디터에 숙련되는 데 들어가는 시간과 노력이 생각보다 큰 것이 치명적인 걸림돌입니다. 그렇기에 다른 에디터의 기능들을 일정 부분 포함하면서도, 여러 운영체제에서 동일하게 작동하는 에디터를 배우는 것이 가장 합리적일 수 있습니다. 그리고 이 목적에 딱 맞는 에디터가 바로 Vim 에디터일 가능성이 높습니다. 왜 그런지는 Vim 에디터의 특징을 보면 알 수 있습니다.

- 대부분의 운영체제를 지원한다.
- 매우 작고 빠르다. (낮은 사양에서도 잘 작동합니다.)
- 텍스트 환경인 터미널이나 콘솔에서도 작동한다.
- GUI 환경도 지원한다.
- 프로그래밍 언어별 특수 기능을 지원한다. (컴파일, 에러 메시지 처리 등)
- 플러그인에 따라 다양한 확장 기능을 지원한다.
- 내장 스크립트로 원하는 기능을 만들 수 있다. (커스터마이징 등)
- 외부 명령어와 연동할 수 있다.
- 작업 녹화나 자동화, 배치(batch) 기능을 제공한다.

그러면 Vim은 어떤 사람들에게 더 유용할까요? 기본적으로 프로그래머에게 가장 쓸모가 있습니다. 그리고 관리자나 시스템 엔지니어들에게도 매우 유용합니다. 왜냐하면 이들의 업무는 유닉스나 리눅스를 활용하는 일이며, 유닉스나 리눅스 환경에서는 Vim 같은 도구를 잘 쓸수록 업무 효율도 증가합니다.

또한 유닉스의 특징을 고스란히 물려받은 Vim은 외부의 각종 유틸리티들과 밀접하게 연동된다는 장점도 있습니다. 여기에 HTML이나 PHP 같은 간단한 언어부터 C나 C++ 같은 고급 언어까지를 쉽게 편집하고 에러를 수정할 수 있는 기능도 포함됩니다.

이렇듯 다양한 목적으로 활용되다 보니 Vim에는 정말로 많은 기능이 들어 있습니다. 기능만 열거해도 수십 페이지 분량이 나올 만큼 많지요. 하지만 이 책은 Vim의 모든 기능을 알려주는 매뉴얼이나 레퍼런스가 아닌, Vim 입문자들을 위한 활용서입니다. 그러므로 Vim을 처음 접하거나 어깨 너머로 배운 사람들이, 먼저 기초를 탄탄하게 다진 후 중급 이상의 기능을 배울 수 있도록 토대를 마련하는 것이 이 책의 목적입니다. 이 책을 읽은 후에도 Vim에 대한 모든 것을 알았다고 생각하지 마시고 매뉴얼, 레퍼런스, wiki 등을 참고하면 더욱 좋을 것입니다.

이 책을 공부하는 방법

이 책을 제대로 이해하려면 최소한 5장까지는 순서대로 읽어야 합니다. 6장 이후로는 각 내용들이 느슨하게 얽혀 있으므로 필요한 기능만을 발췌해서 읽어도 무방합니다. 또한 간혹 등장하는 연습문제는 꼭 풀어보기 바랍니다. 연습문제의 답안은 부록에 있습니다만 주관식 답안은 제가 제시한 답안이 꼭 표준 답안일 수는 없습니다. 여러분이 고민한 결과에 따라서 더 좋은 답이 나올 수도 있으니, 답안을 미리 보지 말고 스스로 답을 찾아내시기 바랍니다.

이 책에서 사용된 Vim 버전

이 책을 쓰는 시점에 Vim의 최신 버전은 7.3입니다. 따라서 이 책도 Vim 7.3을 기준으로 쓰였습니다. 참고로 Vim 7.0이 2006년 초에 릴리스되었기 때문에 현재 사용되는 대부분의 시스템에는 Vim 7.x가 설치되어 있을 것입니다. 하지만 만일 Vim 6.x 버전을 사용하고 있다면 업그레이드를 통해서 Vim 7.x를 사용하기를 권장합니다.

이 책의 내용은 기본적으로 유닉스/리눅스 체계의 Vim을 다루지만, 윈도에서도 동일하게 작동합니다. 따라서 본문의 그림이 자신의 환경과 조금 달라 보일 수도 있을 겁니다. 하지만 기능은 동일하기 때문에 당황하지 말고 주의 깊게 살펴보기 바랍니다. 그래도 혹시 운영체제가 달라서 발생하는 문제라고 판단되는 내용이 있다면 메일로 문의해 주시면 감사하겠습니다.

그러면 이 책에서 다루는 Vim 7.x의 특징을 간략하게 정리해 보겠습니다. Vim 7.x는 이전 버전에 비해 색상 표시나 문법 검사, 옵션 등이 다양해졌으며 복수 개의 파일을 편집할 수 있는 탭 페이지 기능도 추가되었습니다. 대표적인 Vim 7의 기능은 다음과 같습니다.

- 실시간 괄호 짝 찾기 기능(실시간으로 괄호의 짝을 찾아 색상 강조)
- 문법 검사 기능(약 500여개의 파일 형식에 따른 색상 강조)
- 향상된 자동 완성(omni completion) 기능 지원
- 유니코드와 국제화 규격(i18n)에 의한 멀티바이트 지원 강화
- 탭 페이지 기능(여러 파일을 동시 편집)
- 정규 표현식 기능 강화 (grep 기능 내장)
- 압축 파일, 네트워크 파일 검색 기능
- Vim 스크립트 최적화, 프로파일링, 디버깅 기능
- undo 기능 강화(undo branch 등의 기능 제공)

마지막으로 책에 담지 못한 자료나 정오표는 블로그와 http://insightbook.springnote.com/pages/7353371에서 배포하겠습니다. 궁금한 점은 다음에 소개할 공식 사이트나 위키, KLDP, 개발자 사이트, 구글을 검색하거나 저자 블로그

혹은 메일로 연락을 주시면 감사하겠습니다.

참고 웹사이트 및 연락처

- Vim 공식 사이트(http://www.Vim.org)
- Vim 문서 프로젝트(http://Vimdoc.sourceforge.net)
- Vim 한국 사용자 위키(http://www.joinc.co.kr/modules/moniwiki/wiki.php/Site/Vim)
- Vim 팁을 모아둔 위키(http://Vim.wikia.com/wiki/Vim_Tips_Wiki)
- 한국 리눅스 문서 프로젝트 KLDP(http://kldp.org)
- IBM 디벨로퍼웍스(http://www.ibm.com/developerworks/)
- 저자 블로그와 메일 주소

  http://sunyzero.tistory.com

  sunyzero@gmail.com

감사의 글

항상 힘이 되어주는 사랑하는 가족으로 인해 결실을 맺을 수 있었습니다. 그리고 언제나 밑거름이 되어주셨던 은사님과 책 언제 나오냐고 독촉하던 친구들과 선후배, 동료분들께 감사합니다. 그리고 원고를 예쁘게 편집하고 교정을 봐주신 김승호 에디터님과 출판사 분들께 감사드립니다. 마지막으로 이 책을 읽어주실 독자분들께 감사드리며 끝까지 포기하지 않고 읽으셔서 좋은 열매를 맺으시기 바랍니다.

爲者常成 行者常至
(행동으로 하는 자는 늘상 성취하기 마련이고, 걷는 자는 끝내 목적지에 닿기 마련이다)

- 춘추전국시대 제나라의 현인 안자(晏子) -

1장

Getting Started with Vim

Vim의 배경과 설치

> 항상 과거를 돌아보라. 그러면 뭔가 배울 수 있을 것이다.
>
> – 폴 새뮤얼슨

Vim 에디터는 유닉스 세상에서 오랜 전통을 이어온 Vi 에디터의 진보된 형태입니다. Vi와 Vim은 태생이 유닉스 환경이다보니, 텍스트 환경인 터미널에서 사용하도록 디자인되어 있습니다. 요즘 같은 시대에 텍스트 환경을 사용하는 것이 뒤쳐져 보이지만, 그래픽 환경보다 실행 속도가 수십 배는 빠르고 용량도 작습니다. 성능도 뛰어나지만 최근의 추세인 국제화 규격에 맞춰서 유니코드나 다른 언어권 문자까지 지원하니 이렇게 좋은 에디터가 어디 있을까요?

그러나 Vim의 기능을 배우기 전에 Vi와 유닉스의 역사를 조금 알아두는 것이 좋기 때문에 잠깐 옛날이야기를 해보겠습니다. 물론 Vim의 기능이나 단축키만을 배우기 원한다면 배경 지식이나 역사 따위는 몰라도 상관없습니다. 하지만 역사와 개발철학, 그리고 배경을 알아두면 의외로 도움되는 것들이 많습니다.

1.1 라인 에디터부터 Vi와 Vim까지의 발자취

Vim은 Vi를 발전시킨 'Vi improved'에서 앞 글자를 빼내어 만든 이름입니다. Vim의 원조격인 Vi는 빌 조이가 만들어 오랫동안 유닉스 세상에서 사랑받은 에디터입니다. 빌 조이는 유닉스의 창시자였던 켄 톰슨(Ken Thomson)의 동료이자 제자이고, BSD 유닉스의 초기 개발자이기도 합니다. 또한 솔라리스 유닉스와 자바로 유명한 썬마이크로시스템즈의 공동 창업자이기도 하고요.

유닉스의 창시자인 켄 톰슨(Ken Thomson)은 메인 프레임 컴퓨터였던 멀틱스(Multics) 시스템의 개발 프로젝트에서 영감을 얻어 유닉스를 만들었습니다. 이후 벨연구소를 퇴직하고 버클리 대학교에 객원 교수로 부임하게 된 켄 톰슨은 유닉스 소스코드와 함께 유닉스에 포팅하고 있던 미완성의 파스칼(Pascal)도 함께 가져가는데, 이 포팅 작업을 당시 버클리 대학교에 있던 빌 조이와 함께 하게 됩니다.

Note 초기 유닉스 소스코드에는 라이선스 제약이 거의 없었기 때문에 코드를 재배포하거나 가져가는 데 큰 문제가 없었습니다. 그러나 이후 라이선스가 치밀해지자 이것이 소프트웨어 발전을 막는 제약이 되었다고 생각한 이들에 의해 자유소프트웨어재단(Free Software Foundation)이 탄생하고 급기야 리눅스가 만들어지게 됩니다.

포팅 작업은 매우 느리게 진행되었는데 결정적 이유는 형편없는 텍스트 에디터 때문이었습니다. 당시 유닉스에서는 ed라는 텍스트 에디터를 사용했는데 작업 중인 행 하나만 표시되었기 때문에 라인 에디터라고 부르기도 했습니다. 초창기 유닉스는 네트워크 전송 속도가 1000bps 미만이었기 때문에 한 번에 한 라인을 보여줄 수밖에 없었습니다. 만일 전체 화면을 스크롤한다면 편집 도중에 데이터가 전송되기를 종종 기다려야 했을 겁니다. (기본 콘솔 화면은 80x24이므로 한 화면이 1920바이트를 전송해야 합니다.)

한번 상상해 봅시다. 여러분이 'MS 워드'나 '훈글 2010' 혹은 '비주얼 스튜

디오'에서 작업하고 있습니다. 그런데 현재 작업하고 있는 행 하나만 표시되고 나머지는 까만 화면으로 보인다면 어떨까요? 특히나 전후 로직을 보면서 작업해야 하는 프로그래밍에서는 불편함이 엄청날 것입니다. 이런 옛날 이야기를 하다보면 문득 현대 컴퓨팅 환경은 복받은 것이라는 생각도 드는군요.

아무튼 이후 네트워크 장치가 발전하면서 하드웨어에서는 충분한 속도가 제공됩니다. 당시는 하드웨어가 빠르게 발전하던 시기였으므로 네트워크 장치도 빠르게 발전했던 것이지요. 하지만 프로그래머의 숫자는 매우 적었던 시절이었기 때문에, 네트워크 속도에 어울리는 텍스트 에디터가 개발되지는 않았습니다. 그리하여 아쉬운 사람이 우물을 파듯 빌 조이가 ed를 개량하고 확장하여 ex라는 라인 에디터를 만듭니다. 하지만 ex도 여전히 라인 에디터의 단점을 가지고 있었기 때문에 프로그래밍에는 적합치 않았습니다.

이후 다시 ex를 개량하여 1976년에 모니터 화면 전체를 사용하는 인터페이스를 개발합니다. 이런 인터페이스는 당시에는 매우 혁신적이었기 때문에 이름도 'visual editor'라고 명명했고, 줄임말인 vi를 실행 명령어로 사용했기 때문에 Vi 에디터라고 부르게 됩니다. 그리고 후일 개발되는 모든 에디터는 Vi의 전체화면 인터페이스를 본받게 됩니다. 현재 우리가 사용하는 대부분의 에디터도 Vi로부터 시작되었다고 해도 과언이 아닐 것입니다.

허나 이렇게 뛰어난 Vi도 시간이 지나면서 점점 시대에 뒤처지게 됩니다. 사용자들이 새로운 기능인 자동화, 시각화 메뉴 등을 원하게 된 것이죠. 그리하여 수많은 Vi의 아류 에디터들이 만들어졌는데, 이 중에서 차세대 Vi로 인정받는 Vim(Vi improved)이 유닉스, 리눅스, 윈도, 맥 OS 등 다양한 플랫폼에 포팅되어 사용되고 있습니다.

Vi, Vim의 장점

Vi와 Vim은 기본적으로 텍스트 환경의 사용자 인터페이스(CUI)를 사용하고 있습니다. 물론 Vi, Vim 외에도 유닉스 계열에서 작동하는 대부분의 프로그램이 CUI 방식을 사용합니다. 얼핏 보면 불편해보이는 CUI를 사용하는 가장 큰 이유는 성능 때문입니다. 서버에는 여러 유저가 네트워크로 접속해서 프로그램을 실행하므로 용량이 크고 느린 프로그램은 심각한 문제를 초래합니다.

예를 들어 100여명의 유저가 접속하고 각자 다섯 개 정도의 에디터를 띄워서 작업한다고 상상해봅시다. 그러면 모두 500개의 에디터 프로그램이 작동하는 셈입니다. 이 경우 에디터 프로그램이 메모리나 CPU를 많이 차지하는 종류라면 서버는 심각한 자원 부족에 시달리게 됩니다. 그렇기 때문에 서버 환경에서는 Vi나 Vim 같이 가볍고 빠른 프로그램이 선호됩니다.

물론 유닉스나 리눅스에도 X 윈도우에서 작동하는 GUI 기반의 에디터가 존재합니다. 하지만 대부분 위와 같은 성능상의 문제 때문에 그다지 많이 사용하지 않습니다.

Vim과 이맥스

유닉스나 리눅스에서는 Vim 외에도 이맥스(Emacs)라는 유명한 에디터가 있습니다. 이맥스는 프로그래밍에 최적화된 에디터로, 디버거나 다른 외부 프로그램과의 연동, 플러그인의 확장 등이 매우 강력합니다. 이 에디터는 해커들을 위한 강력한 프로그래밍 환경이 필요하다고 생각한 자유소프트웨어재단(Free Software Foundation)의 설립자 리처드 스톨만이 만들었습니다. 프로그래밍 환경을 개선하려는 목적은 Vi와 같지만, 이맥스는 더 나중에 만들어진 에디터이고 리차드 스톨만 본인이 뛰어난 해커다보니 프로그래머의 가려운 부분을 긁어줄 형태가 되었습니다. 결국 이맥스는 해커들의 습성대로 엄청난 확장성을 부여한 에디터로 탄생합니다.

이맥스의 기능은 다른 IDE 개발 인터페이스에도 영향을 끼쳤는데, 이클립스(Eclipse)와 같은 IDE 개발툴은 이맥스와 단축키 구성이 거의 흡사할 정도입니다. 이 외에 다른 많은 프로그래밍 유틸리티들도 이맥스와 자연스럽게 연동되거나 인터페이스가 비슷합니다.

그러나 이맥스는 프로그래밍에 최적화되어있다 보니 범용 에디터로는 적합하지 않다는 의견도 많습니다. 그래서 Vim을 잘 다루는 사람 중에는 이맥스를 싫어하는 사람도 많습니다. 개인적으로는 이맥스도 뛰어난 프로그래밍용 에디터라고 생각하기에, 여건이 된다면 꼭 한번 다뤄보기를 권장합니다. 단, 충고를 하나 하자면 Vim을 먼저 배운 뒤에 이맥스를 배워야만 도중에 포기하지 않을 겁니다. 왜냐하면 이맥스는 그 기능이 Vim보다 훨씬 방대하기 때문이죠.

1.2 리눅스에 Vim 설치하기

일반적으로 모든 리눅스에는 Vim이 기본으로 설치되어 있습니다. 하지만 대부분은 Vim의 최소 기능만 설치되기 때문에 책에서 다룰 기능 중 몇몇은 제대로 작동하지 않을 수 있습니다. 따라서 원활한 Vim 실습을 위해 먼저, 추가 기능을 설치하는 과정을 다루겠습니다.

레드햇 계열(레드햇, 페도라, CentOS 등)

레드햇 계열의 리눅스는 RPM이라는 패키지 시스템을 사용하고 있습니다. RPM 패키지 시스템은 간단하고 설치와 삭제가 쉽기 때문에 초보자에게도 어렵지 않습니다. 더군다나 몇 해 전부터 레드햇 계열에서는 yum이라는 기능을 이용하여 RPM 패키지를 원격으로 받아서 설치할 수도 있습니다. 물론 사용자가 가지고 있는 CD나 DVD에서도 설치할 수 있습니다만, 원격 설치에서는 새로운 버전이 있으면 업그레이드까지 해주기 때문에 원격 설치를 권장합니다.

우선 설치를 위해서는 관리자 계정이 필요하므로 root로 로그인해야 합니다. 일반 유저에서 root 유저로 바꾸려면 **su -** 명령을 사용합니다.

```
[linuxer@localhost ~]$ su -
[root@localhost ~]# yum install vim-enhanced
```

명령행에서 앞부분의 [linuxer@localhost ~]$나 [root@localhost ~]#은 프롬프트이므로 실제로 입력할 부분은 볼드 처리된 **su -**와 **yum install vim-enhanced**입니다. 명령어가 성공하면 다운로드가 진행되고 자동으로 설치 혹은 업그레이드될 것입니다.

데비안 계열(데비안, 우분투 등)

데비안 리눅스나 여기에서 파생된 우분투, 쿠분투 리눅스는 apt-get 명령을 이용해서 Vim을 설치합니다. apt-get도 원격 다운로드를 시도하므로 네트워크에 연결되어 있어야 합니다. 데비안 계열에서는 sudo를 이용해서 관리자 권한을 획득합니다.

```
linuxer@linuxer-desktop:~$ sudo apt-get install vim
```

앞에서와 마찬가지로 linuxer@linuxer-desktop:~$ 부분은 프롬프트이므로 실제 입력하는 명령어는 **sudo apt-get install vim**이 됩니다.

alias 설정하기

편의성을 위해, 리눅스나 유닉스에서 vi라고만 명령해도 Vim이 작동되게 하려면 alias를 설정해야 합니다. 이를 위해 셸에서 alias vi=vim이라고 명령하면, Vi 대신 Vim이 실행되는 alias가 설정됩니다. (현재 alias 설정 상태를 확인하려면 셸에서 alias라고만 명령하면 됩니다.)

그러나 로그인 때마다 alias를 설정하기란 귀찮기 때문에 자동으로 alias가 설정되게 해봅시다. 이를 위해서는 셸의 환경설정 파일을 수정하면 됩니다. 사용하는 셸에 따라 설정 파일이 다를텐데, bash 셸은 ~/.bashrc이며 tcsh 셸은 ~/.tcshrc, zsh 셸은 .zshrc를 사용합니다. 이 외의 다른 셸도 보통 '.셸이름rc' 파일을 사용합니다. 참고로 여기서 rc는 runtime configuration의 약자입니다.

간혹 alias 설정을 무시하고 Vim 대신 진짜 Vi를 실행하려면 \vi처럼 명령어 앞에 역슬래시를 붙여주면 됩니다. 코드 1.1은 bash 셸에서 alias를 설정한 예입니다(음영 부분).

코드 1.1 **리눅스에서 ~/.bashrc에 alias를 설정한 모습 (음영 부분)**

```
# .bashrc

# Source global definitions
if [ -f /etc/bashrc ]; then
```

```
      . /etc/bashrc
fi

# User specific aliases and functions
alias vi="vim"
```

1.3 윈도에 Vim 설치하기

윈도용 Vim은 설치용 프로그램이나 압축 파일 형태로 제공됩니다. Vim 웹사이트(http://www.vim.org)의 다운로드 페이지에는 일반적으로 사용되는 윈도 95 이상(32bit용) 외에도 윈도 64bit용, 비주얼 스튜디오에서 사용가능한 OLE, 심지어 윈도 3.1과 도스(Dos) 용도 있으니 필요한 버전을 다운로드하여 설치하면 됩니다. 예를 들어 윈도 XP라면 윈도 95 이상 32bit용으로 다운로드하면 됩니다. 설치 과정은 여느 프로그램과 다를 바 없이 Next 버튼을 계속 누르면 됩니다.

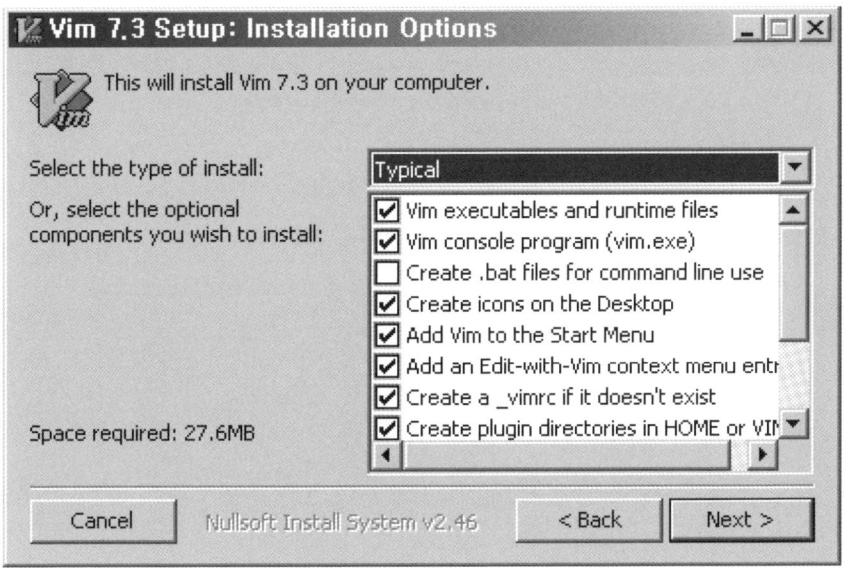

그림 1.1 윈도 95 이상 32bit용 설치 화면

1.4 맥 OS X에 설치하기

매킨토시의 맥 OS X는 BSD 유닉스 계열이기 때문에 Vim을 탑재하고 있습니다. 맥 OS X 10.3부터 Vim 6.2가 설치되었고, 10.5 이후에는 Vim 7이 탑재되어 있습니다. 그러므로 따로 설치할 필요는 없지만, 만약 GUI 버전의 Vim을 쓰고 싶다면 추가로 설치해야 합니다. GUI 버전을 권장하지는 않지만, 참고용으로 다루고 넘어가겠습니다.

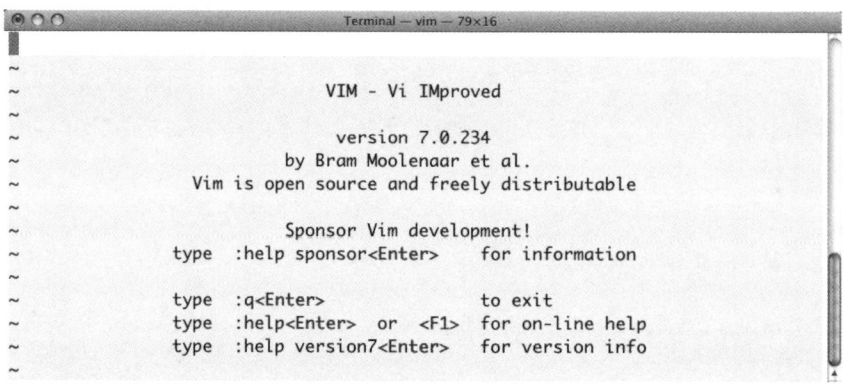

그림 1.2 맥 OS X 10.5에 기본으로 탑재된 Vim

Vim 웹사이트는 맥 OS X용으로 Cocoa와 Carbon 버전이 제공되고 있습니다. Cocoa 버전은 매킨토시 스타일의 GUI이며, Carbon 버전은 유닉스 스타일의 GUI라고 보시면 됩니다. 맥 사용자들은 일반적으로 매킨토시 스타일을 더 선호하기 때문에 Cocoa 버전이 더 많이 사용되고 있습니다.

설치는 일반 맥 애플리케이션과 마찬가지로 응용 프로그램(Applications) 폴더에 아이콘을 복사해주면 됩니다. 간혹 라이브러리가 없다는 식의 문제가 발생하는 경우에는 실행 실패 Report를 참고하여 필요한 파일을 수동으로 복사해주면 됩니다.

Cocoa 버전(MacVim)

mvim이라고도 부르며 OS X의 GUI 스타일을 그대로 따른 화면이 특징입니다.

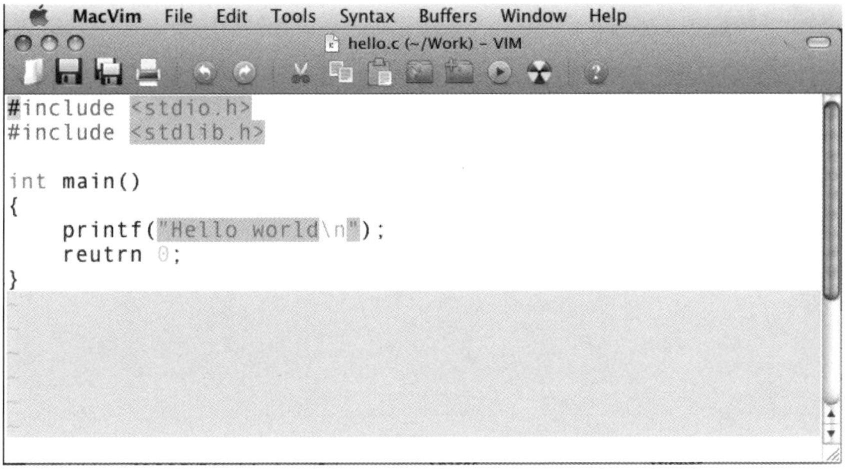

그림 1.3 OS X 스타일 MacVim(Cocoa 버전)

http://code.google.com/p/macvim/에서 다운받을 수 있습니다.

Carbon 버전(gvim)

gvim이라고 부르며 유닉스용 Vim의 GUI 스타일을 본받아 작성되어 있습니다. 기존에 Vim을 오랫동안 써왔던 사용자에게 친숙한 형태지만, 매킨토시 고유

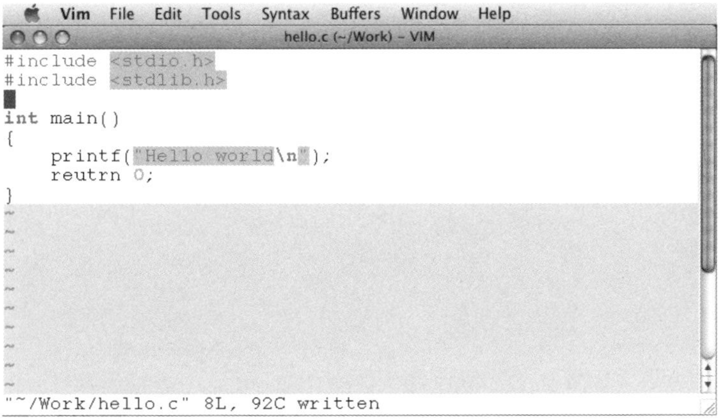

그림 1.4 유닉스 스타일 gvim(Carbon 버전)

의 스타일을 무시했다는 비판도 받고 있습니다. http://macvim.org/에서 다운 받을 수 있으며 OS X과 맥 OS 클래식용이 따로 제공됩니다.

2장

Getting Started with Vim

Vim 입문

> 시작이 반이다.
>
> – 아리스토텔레스

이번 장부터 실질적으로 Vim의 사용법을 설명할 것입니다. 우선은 Vim을 처음 접하는 사람을 위해 가장 최소한의 기능만 설명하겠습니다. 예를 들어 Vim을 시작하고, 내용을 입력하고, 저장하고, 삭제, 복사, 붙이기 등의 기능입니다. 또한 Vim에서는 일반적으로 마우스를 쓰지 않으므로, 키보드로 범위를 지정하여 삭제, 복사, 붙이기 등을 사용하는 방법도 다룰 것입니다.

각 기능을 배울 때 반드시 예제를 따라해 보시기 바랍니다. 간단하다고 생각하여 머리로만 외우면 실제로 사용할 때 기능이 생각나지 않습니다. 실습을 통해 손가락이 기억하도록 하기 바랍니다. 그리고 실습하면서 입력하는 내용들은 후반부의 고급 기능을 배울 때 반복해서 쓰는 경우도 있기 때문에 그때그때 작성해 두는 편이 좋습니다.

표 2.1 2장에서 살펴볼 기능

살펴볼 기능	명령어
파일 저장하기	:w
종료하기	:q
커서 이동	h, j, k, l
삭제	x, dd, J
복사	yy
붙이기	p
명령어 취소	u
범위 지정	v

Note 문자열 표기법에 대해서

일반적으로 명령어, 용어 혹은 인용되는 문자열을 본문과 구별해야 하는 경우는 따옴표로 묶어서 강조했습니다. 대부분 홑 따옴표를 사용했으나 강조할 내용이 문자열 내에 포함된 경우에는 쌍 따옴표를 사용하기도 했습니다.

2.1 Vim 실행하기

터미널을 사용하는 리눅스, 유닉스, 맥 OS X의 경우 셸에서 'vim' 혹은 'vim 파일명'을 입력하여 실행합니다. 하지만 탐색기를 주로 사용하는 윈도에서는 편집할 텍스트 파일을 마우스 오른 버튼으로 선택하고 팝업 메뉴에서 '빔으로 편집' 메뉴를 눌러 실행합니다. 윈도의 경우는 그래픽 환경인 gvim이 기본으로 실행되므로 그림 2.1과 같이 일반적인 Vim과 모양이 약간 다릅니다만 기능은 동일합니다. 물론 리눅스, 유닉스 계열에서도 gvim을 사용할 수 있지만 X 윈도우 환경에서만 실행할 수 있습니다.

입력하기

그러면 간단하게 Vim으로 파일을 열고 내용을 입력한 뒤에, 파일을 저장하고

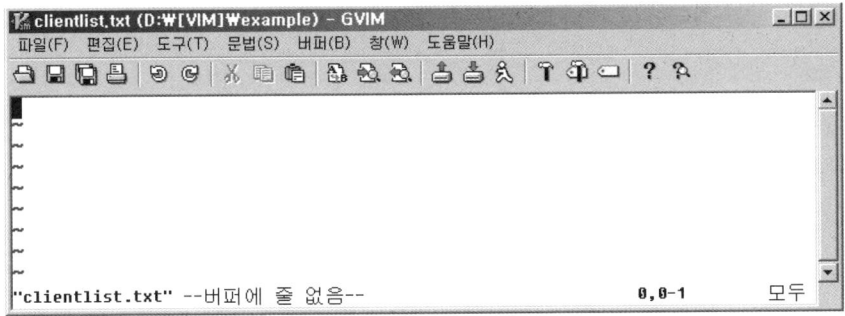

그림 2.1 윈도에서 실행한 gvim 화면

Vim을 종료해보겠습니다. 리눅스나 유닉스 환경이라면 터미널에서 'vim clientlist.txt' 라고 명령하고, 윈도라면 탐색기의 빈 공간에서 마우스 오른 버튼을 눌러 '새로 만들기'를 선택하고 clientlist.txt 파일을 만든 다음, Vim으로 엽니다. 파일이 열리면 그림 2.2와 비슷한 화면이 나타납니다. 다만 리눅스에서는 사용하고 있는 X 윈도우 매니저나 테마에 따라서 테두리나 창 모양이 다를 수 있는데, 화면 내용은 거의 동일하니 상관없이 진행하면 됩니다.

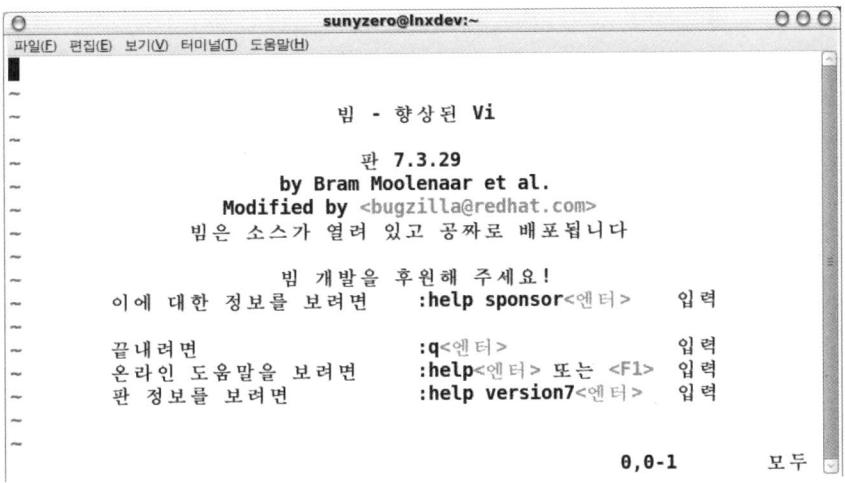

그림 2.2 리눅스 환경에서 Vim 실행 모습

일반적인 에디터는 바로 입력을 할 수 있지만 Vim은 좀 다릅니다. Vim은 일반 모드(normal mode)라는 상태로 시작되는데 여기서는 입력을 할 수 없습니다. 따라서 입력을 하려면 입력 모드(insert mode)로 전환해야만 합니다. 일반 모드에서 입력 모드로 전환하는 키는 i입니다. 입력 모드로 전환되면 화면 맨 아래에 현재 모드를 알려주는 '– INSERT –'가 표시되며 이후로는 사용자가 누르는 모든 키가 입력됩니다. 그러면 연습을 위해 코드 2.1의 내용을 입력해봅시다.

코드 2.1 **clientlist.txt의 내용**

```
1304, Yona Yahav, M, 42, MP1
1294, Kebin Robinson, M, 41, CP1
1601, Steven Choi, M, 34, CP3
1314, TW Yoon, F, 46, CP1
```

저장하기

내용을 모두 입력했으면 저장을 해야 합니다. 하지만 현재 상태인 입력 모드는 입력만을 위한 모드이므로, 저장하려면 입력 모드를 끝내야 합니다. 〈ESC〉 키를 눌러 입력 모드를 종료하면 일반 모드로 돌아옵니다. 여기서 콜론(:)을 누르면 그림 2.3처럼 커서가 하단으로 내려옵니다. 여기서 w를 누르고 엔터를 누르면 파일이 저장됩니다. (w는 write의 약어 명령입니다. 따라서 write로 명령해도 됩니다.)

```
1304, Yona Yahav, M, 42, MP1
1294, Kebin Robinson, M, 41, CP1
1601, Steven Choi, M, 34, CP3
1314, TW Yoon, F, 46, CP1
~
~
~
~
~
~
~
:w
```

그림 2.3 저장 명령어인 :w의 화면

이와 같이 콜론(:)을 눌렀을 때 전환되는 모드를 명령행 모드(command line mode)라고 하며, 명령어를 실행한 후에는 자동으로 일반 모드로 돌아옵니다. 각 모드의 자세한 기능은 잠시 후에 다루겠습니다.

Note 입력 키 표기법에 대해서

키보드에 있는 특수 기능키인 ESC, CTRL, ALT, Delete, PageUp, PageDown 등은 ⟨ ⟩ 기호로 묶어서 표기합니다. 따라서 ⟨ESC⟩, ⟨CTRL⟩, ⟨Delete⟩ 등으로 표시됩니다.

종료하기

파일 저장이 끝났으면 Vim을 종료해야 합니다. 저장 때와 마찬가지로 종료 명령도 명령행 모드에서 작동하며 :q로 명령합니다. (q는 quit의 약어 명령입니다. 따라서 :quit라고 명령해도 동일합니다.) 그런데 앞에서 입력한 저장 명령과 종료 명령이 모두 명령행 모드의 명령이므로 이 둘을 합쳐 :wq라고 해도 됩니다. 여기까지의 작업을 순서대로 정리해보죠.

1. Vim으로 clientlist.txt를 연다.
2. i를 눌러 입력 모드로 전환한다.
3. 코드 2.1의 내용을 입력한다.
4. ⟨ESC⟩를 눌러 입력 모드를 종료하고 일반 모드로 전환한다.
5. :w 명령으로 파일을 저장한다.
6. :q로 Vim을 종료한다.

다른 이름으로 저장하기

좀더 연습하기 위해 clientlist.txt를 다시 열고 코드 2.2의 내용을 추가합시다. 내용을 모두 입력하고 저장한 후 Vim을 종료하기 전에, :w clientlist2.txt 명령을 입력하면 현재 내용이 clientlist2.txt 파일로 저장됩니다.

코드 2.2 **clientlist.txt에 추가할 내용**
```
1280, Wendy Johnson, 36, CP1, F
1361, Marc Herold, M, 45, MP2
1315, Rina Suzuki, F, 36, MP1
1600, Robert Kim, M, 32, CP3
1297, Rarry Robinson, M, 38, CP2
```

이렇게 :w 명령 뒤에 파일명을 써주면 해당 파일로 저장됩니다. 파일명에는 경로를 지정할 수도 있습니다. 즉 ':w ../newfile.txt'라고 명령하면 상위 디렉터리의 newfile.txt 파일로 저장합니다.

다음으로는 Vim의 모드에 대해서 배우겠습니다. 그 전에, 앞에서 입력했던 clientlist.txt 파일은 꼭 완성시키기 바랍니다. 앞으로의 실습에 사용되니까요.

2.2 일반 모드, 입력 모드, 명령행 모드

앞에서 Vim이 실행될 때는 일반 모드(normal mode)로 작동한다고 했습니다. 이 일반 모드는 다른 기능을 호출하는 단축키(short-cut)를 입력받는 창구 역할을 담당합니다. 예를 들어 i 키를 누르면 입력 모드(insert mode)로 전환하는 기능이 작동합니다. 그런데 왜 이러한 일반 모드라는 것을 만든 것일까요? 궁금증을 풀기 위해 Vim 설계자의 생각을 따라가 봅시다.

모드가 필요한 이유

입력 모드와 일반 모드를 따로 둔 이유는, Vim을 개발할 당시에는 기능을 호출하는 데 메뉴 인터페이스를 사용할 수 없었기 때문입니다. 현대적인 컴퓨팅 환경은 그림 2.4와 같이 그래픽 표현을 지원하기 때문에 메뉴나 버튼, 창에 기능을 넣을 수 있지만, Vim의 모태인 Vi가 개발되던 시절에는 이런 고급스런 그래픽 환경이 존재하지 않았습니다. 모든 화면은 텍스트로만 출력되었지요. 이런 상황에서 어떻게 메뉴와 같은 기능을 구현할까요?

그림 2.4 메뉴가 있는 GUI 인터페이스

5.25인치 디스켓을 들고 다니던 도스(DOS) 시절을 겪은 분들은 아마 속으로 '단축키!'라고 외치고 있을 겁니다. 도스 시절에는 대부분의 기능을 〈CTRL〉이나 〈ALT〉를 조합한 단축키로 호출했습니다. 그런데 이 경우 프로그램에서 사용 가능한 단축키의 숫자가 크게 제한됩니다. 왜냐하면 일반적인 유닉스 계열 터미널에서는 〈CTRL-I〉, 〈CTRL-C〉, 〈CTRL-Q〉, 〈CTRL-S〉, 〈CTRL-Z〉처럼 미리 예약된 단축키가 있기 때문입니다.

Note 여기서 언급한 터미널 단축키의 기능은 다음과 같습니다.
　〈CTRL-I〉: 탭　　　　　　　　　　　〈CTRL-C〉: 현재 작업 강제 종료
　〈CTRL-₩〉: 현재 작업 강제 종료(디버깅용)　〈CTRL-S〉: 스크롤 잠금
　〈CTRL-Z〉: 현재 작업을 백그라운드로 보냄

따라서 〈CTRL〉이나 〈ALT〉 같은 특수키를 사용하지 않고도 단축키를 지정하기 위해, 단축키 호출 모드를 따로 만든 것이 바로 일반 모드입니다. 이렇게 하면 예약된 단축키 조합을 피해갈 수 있기 때문에 키보드의 수많은 키를 전부 사용할 수 있고, 대소문자도 구별할 수 있습니다.

Note 단축키 표기법에 대해서
　〈CTRL〉 같은 특수키와 함께 누르는 경우 대문자만을 사용해 〈CTRL-키〉 형식

으로 표기합니다. 예를 들어 〈CTRL-W〉 n이라고 표기되었다면 〈CTRL〉과 같이 W를 누른 후 〈CTRL〉 없이 n을 누른다는 의미입니다. 만일 둘 다 〈CTRL〉과 같이 눌러야 하는 경우라면 〈CTRL-W〉 〈CTRL-N〉으로 표기합니다.

Vim의 모드 전환

그러면 Vim에는 어떤 모드들이 있을까요? 상세하게 나누면 꽤 많지만 기본적으로는 네 개 정도로 나눌 수 있습니다. 이 중에서도 Vi와 호환되는 기본 모드는 일반 모드, 입력 모드, 명령행 모드입니다. 각 모드가 전환되는 방법은 그림 2.5과 같습니다.

 일반 모드에서 입력 모드로 전환할 때는 표 2.2와 같이 a나 i, o 혹은 대문자 A, I, O, R 키를 이용하고, 일반 모드로 되돌아 갈 때는 〈ESC〉 키를 사용합니다. 그리고 일반 모드에서 명령행 모드로 진환할 때는 콜론(:) 키를 누르면 됩니다. 명령행 모드는 복잡한 명령어를 사용하기 위한 모드이며, 어떤 명령어를 실행했거나 〈ESC〉를 눌러 취소하면 다시 일반 모드로 돌아갑니다. 참고로 명령행 모드를 콜론 모드(colon mode)라고도 부르는데 이는 명령행 모드로 전환할 때 콜론(:)을 누르기 때문입니다.

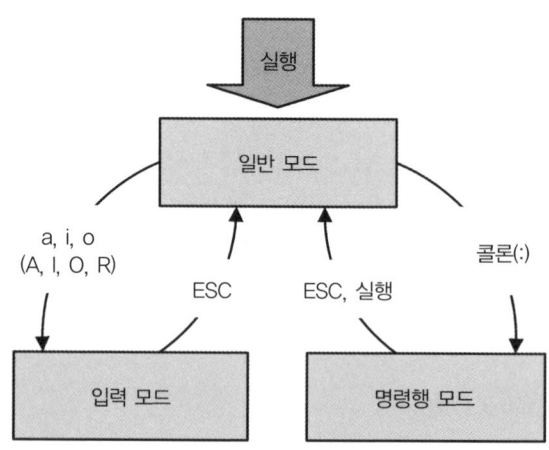

그림 2.5 vi의 세 가지 모드

표 2.2 입력 모드 전환 키

명령어	설명
a, A	a(append)는 현재 커서 위치에서 한 칸 뒤로 이동한 후 입력 모드로 전환됩니다. A는 현재 행의 끝으로 이동한 후, 입력 모드로 전환됩니다.
i, I	i(insert)는 현재 커서 위치에서 입력 모드로 전환됩니다. I는 현재 행의 맨 앞으로 이동 후, 입력 모드로 전환됩니다.
o, O	o(open line)는 현재 행 아래에 새로운 행을 하나 만든 후 입력 모드로 전환됩니다. O는 현재 행 위에 새로운 행을 하나 만든 후 입력 모드로 전환됩니다.
R	수정(replace) 모드로 작동하므로 모든 글자는 덧쓰여집니다.

입력 모드로 전환하는 키를 모두 기억하면 좋겠지만, 당장은 가장 많이 쓰이는 i, o, R 정도만 알아두어도 좋습니다. 나머지는 Vim을 사용하면서 자연스럽게 익숙해지면 됩니다. 억지로 외워봤자 금새 잊어버리기 때문에, 부록으로 제공되는 키맵과 명령어 목록을 잘 보이는 곳에 붙여두고 반복적으로 사용하도록 노력합시다.

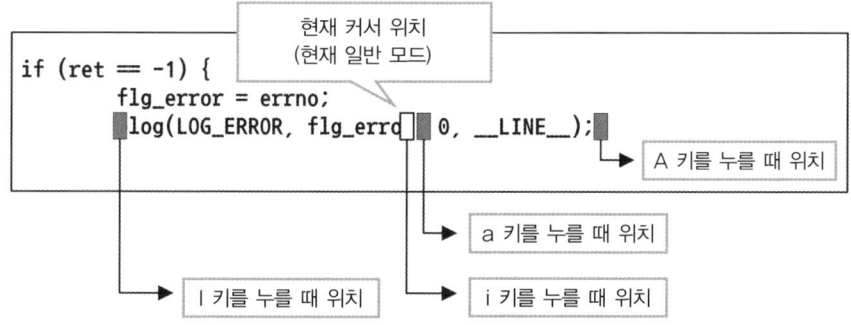

그림 2.6 a, i와 A, I의 커서 이동 차이

2.3 강제로 명령하기

이번에는 명령행 모드에서 느낌표(!)를 입력하여 어떤 명령을 강제로 실행하는 기능을 알아보겠습니다. 이 기능은 주로 파일을 저장하지 않고 Vim을 끝내거나, 기존에 존재하는 파일에 덮어쓰는 경우에 사용됩니다.

강제 종료하기

강제로 명령어를 실행하는 기능이 왜 필요한지는 다른 에디터를 통해서 쉽게 유추해 볼 수 있습니다. 예를 들어 윈도의 메모장을 열어서 내용을 적고 메모장을 종료해보면, 그림 2.7처럼 '변경 내용을 ~ 저장하시겠습니까?'라고 묻는 팝업 창을 볼 수 있습니다. 이런 기능은 사용자가 실수로 파일을 저장하지 않고 종료하는 것을 방지합니다.

Vim도 여타의 에디터들과 마찬가지로 종료 명령을 내렸을 때 변경된 내용이 없다면 바로 종료되지만, 변경된 내용이 있음에도 불구하고 사용자가 :q 명령을 내리면 그림 2.8처럼 에러 메시지를 출력하고 종료를 거부합니다. 이렇게 에러로 처리하는 이유는 Vim의 텍스트 환경에서는 윈도의 메모장처럼 팝업

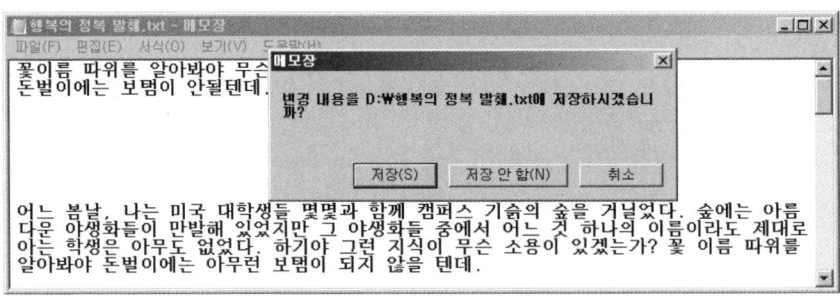

그림 2.7 메모장에서 저장하지 않고 종료하는 경우 확인 메시지 창

```
~
~
~
E37: No write since last change (add ! to override)        6,0-1        All
```

그림 2.8 변경된 내용을 저장하지 않고 Vim을 종료할 때 거부 메시지

창을 보여줄 수 없기 때문입니다.

　이러한 에러 메시지를 자세히 살펴보면 에러에 대한 해결책을 찾을 수 있습니다. 예를 들어 그림 2.8의 에러 메시지에서는 강제로 실행하려면 느낌표(!)를 붙이라고 말해주고 있습니다. 그러므로 저장하지 않고 종료하려면 :q!라고 명령하면 되겠습니다.

강제 덮어쓰기

이번에는 파일을 덮어쓰는 경우의 에러 메시지와 느낌표의 또 다른 사용법을 알아보겠습니다. 우선 리눅스나 유닉스 계열이라면 다음처럼 touch 명령을 이용해서 empty.txt라는 빈 파일을 만들어 둡니다. 윈도라면 '새 파일 만들기'로 텍스트 파일을 하나 만들고 이름을 empty.txt로 바꿔주면 되겠습니다.

```
[linuxer@dev ~]$ touch empty.txt
[linuxer@dev ~]$ ls
clientlist.txt    clientlist2.txt    empty.txt
```

　참고로 여기에서 사용자가 입력하는 명령은 touch empty.txt와 ls 뿐입니다. [linuxer@dev ~]$는 사용자 프롬프트이니 입력하지 맙시다. 마지막에 ls 명령으로 디렉터리의 내용을 보니, 이전에 만들었던 clientlist.txt 파일과 clientlist2.txt 파일이 보이고 새롭게 만든 empty.txt 파일도 보입니다. 이제 clientlist2.txt를 열고 :w empty.txt라고 명령해서 empty.txt를 덮어쓰면 어떻게 될까요? 원래대로라면 파일명은 다르지만 clientlist2.txt와 같은 내용을 가진 empty.txt가 만들어져야 할 겁니다. 하지만 Vim은 이미 empty.txt라는 파일이 존재하므로 그림 2.9처럼 에러를 내버립니다.

　따라서 파일을 덮어쓰려면 명령어 뒤에 느낌표를 더해서 :w! empty.txt라고 명령해야 합니다. 혹 덮어쓰면서 종료도 하길 원한다면 :wq! empty.txt라고 명령하면 됩니다. 이렇게 파일을 저장하고 종료하는 몇 가지 예를 표 2.3에 정리해 두었습니다.

```
1304, Yona Yahav, M, 42, MP1
1294, Kebin Robinson, M, 41, CP1
1601, Steven Choi, M, 34, CP3
1314, TW Yoon, F, 46, CP1
1280, Wendy Johnson, 36, CP1, F
1361, Marc Herold, M, 45, MP2
1315, Rina Suzuki, F, 36, MP1
1600, Robert Kim, M, 32, CP3
1297, Rarry Robinson, M, 38, CP2
~
~
~
~
E13: File exists (add ! to override)                    4,1            All
```

그림 2.9 이미 존재하는 파일에 덮어쓰기를 시도할 때 발생하는 에러 메시지

표 2.3 저장과 종료 명령어

명령어	설명
:w	write, 현재 파일을 저장한다.
:q	quit, vi를 종료한다.
:wq	w와 q의 조합으로 저장하고 종료한다.
:w filename	filename에 해당하는 파일에 저장한다. (사본을 만드는 명령)
:q!	변경된 내용을 버리고 vi를 종료한다.
:w! filename	filename에 해당하는 파일을 덮어쓴다.
:wq! filename	filename에 해당하는 파일을 덮어쓰고 종료한다.

2.4 커서 이동하기

Vi는 애초에 마우스가 없는 환경에서 개발되었으므로 커서도 키보드로 이동합니다. 보통은 화살표 키나 ⟨PageUp⟩, ⟨PageDown⟩, ⟨Home⟩, ⟨End⟩를 사용하지만 이 외에도 커서를 이동하는 데 쓰이는 키가 몇 개 있기에 여기서 설명하려 합니다. 왜 Vi 개발자는 영문 키에 이동하는 기능을 넣어 두었을까요?

유닉스가 개발되던 시절의 키보드는 숫자키나 텐 키 부분이 없는 형태가 많았습니다. 따라서 당시에는 커서를 이동할 때 따로 기능을 만들어 두어야만 했습니다. 요즘에는 대다수의 키보드에 화살표 키가 존재하니까 영문 키 이동 기

능은 배울 필요가 없는 것이냐고 반문할 수도 있을 테지만, 실상은 오른손의 이동을 최소화하고 나중에 자동화 매크로를 작성할 때도 커서 이동 영문 키를 사용하기 때문에 꼭 알아둬야 합니다.

Note 텐 키란 키보드 우측의 숫자판 부분을 가리킵니다.

상하좌우로 이동하기

Vim에서 커서 이동 영문키는 그림 2.10과 같이 오른손 검지가 위치하는 j 키를 중심으로 h, j, k, l이며, 주의할 점은 꼭 소문자로만 써야한다는 점입니다. 만일 대문자로 입력하면 전혀 다른 기능이 작동하게 됩니다. 이는 일반 모드에서 사용하는 모든 명령어 키가 대소문자를 구별하므로 조심해야 합니다.

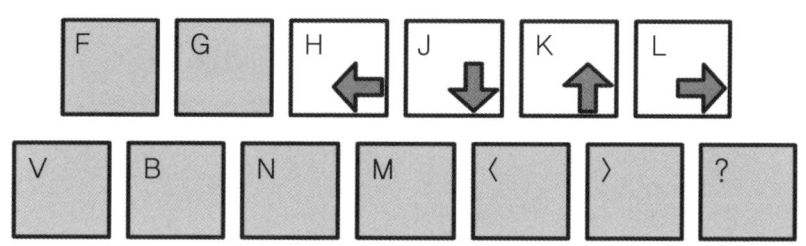

그림 2.10 **이동키 h(좌), j(상), k(하), l(우)**

상하좌우로 이동하는 키의 경우에는 앞에 숫자를 입력해서 반복 횟수를 지정할 수 있습니다. 예를 들어 j는 한 칸 아래로 이동하는데, 10j라고 하면 열 칸을 아래로 이동합니다. 그리고 캐럿(^)은 공백을 제외하고 현재 행의 내용이 처음 등장하는 곳으로 이동합니다. 표 2.4에 커서를 이동하는 키를 정리해 두었습니다.

표 2.4 커서 이동 키

명령어	설명
[#]h	좌로 #칸 이동, #의 생략 시는 1칸
[#]j	아래로 #칸 이동, #의 생략 시는 1칸
[#]k	위로 #칸 이동, #의 생략 시는 1칸
[#]l	우로 #칸 이동, #의 생략 시는 1칸
^	행의 맨 앞으로 이동(공백은 제외)
$	행의 맨 끝으로 이동

Note 명령어 표기법에 대해서

명령어 문법을 표기할 때 괄호가 없거나 { } 괄호로 둘러싸인 부분은 필수(required)로 입력해야 하며, [ ] 괄호는 옵션(optional)으로 생략 가능한 부분입니다. 예를 들어 다음과 같은 명령에서 -c는 써도 되고 생략해도 되며, -s {expr|sfile} 부분도 옵션이지만 일단 -s가 쓰인 경우라면 expr이나 sfile 중 하나는 꼭 써야 한다는 뜻입니다. 그리고 마지막의 dfile은 빼먹으면 안 되는 부분입니다.

cmd [-c] [-s {expr¦sfile}] {dfile}

화면 스크롤하기

j, k는 아래위로 한 칸씩만 이동하기 때문에 화면 단위의 이동, 즉 스크롤에는 불편한 점이 많습니다. 그래서 화면 단위로 스크롤하는 키도 알아둬야 하며,

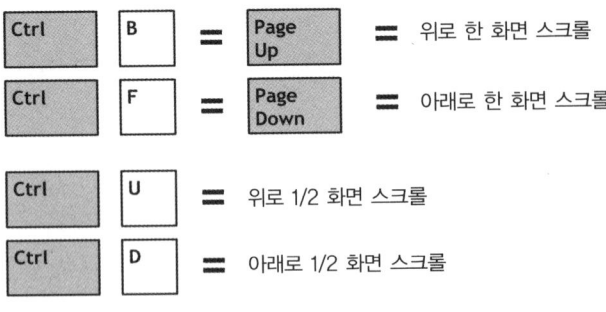

그림 2.11 **화면 스크롤 키**

가장 많이 쓰이는 키는 그림 2.11의 네 가지 키입니다.

문서의 특정 위치로 이동하기

화면 단위의 스크롤도 10만행 정도 되는 문서를 탐색하는 경우에는 여전히 불편합니다. 그래서 문서의 특정 행이나 문서의 시작 위치 혹은 맨 끝 위치로 이동하는 키가 따로 존재합니다.

표 2.5에서 보듯이 gg는 문서의 맨 앞 줄로 이동하고, G는 맨 마지막 줄, 즉 문서의 끝으로 이동합니다.

표 2.5 특정 위치로 이동 명령

명령어	설명
[#]gg	#행으로 이동합니다. #이 생략되면 1을 의미합니다.
[#]G	#행으로 이동합니다. #이 생략되면 마지막 행을 의미합니다.
:#	#행으로 이동합니다.

마지막으로 명령행 모드에서 특정 행으로 이동하는 방법인 ':행번호' 명령이 있습니다. 개인적으로는 오타를 방지하기 위해 특정 행으로 이동할 때는 명령행 모드에서 입력하는 방법을 추천합니다.

현재 위치 확인하기

현재 행의 위치 정보를 보기 위해서는 〈CTRL-G〉를 누르면 됩니다. (:file도 같은 기능을 합니다.)

표 2.6 현재 위치 확인 명령

명령어	설명
<CTRL-G>	현재 문서 위치 정보를 하단 상태 바에 표시합니다.

그림 2.12은 〈CTRL-G〉를 눌렀을 때 하단에 /etc/services 파일의 정보가 나타난 화면입니다. 이 파일은 읽기 전용(readonly)으로 열렸으며 길이는 총 10676행입니다. 현재 위치는 파일의 약 53%에 해당하며, 행 번호는 5689, 열 번호는 28입니다. 중간에 탭이 있는 경우 열의 위치가 26-32와 같이 나타납니다.

```
personnel       3109/udp        # Personnel protocol
sim-control     3110/tcp        # simulator control port
sim-control     3110/udp        # simulator control port
wsynch          3111/tcp        # Web Synchronous Services
wsynch          3111/udp        # Web Synchronous Services
ksysguard       3112/tcp        # KDE System Guard
ksysguard       3112/udp        # KDE System Guard
cs-auth-svr     3113/tcp        # CS-Authenticate Svr Port
cs-auth-svr     3113/udp        # CS-Authenticate Svr Port
ccmad           3114/tcp        # CCM AutoDiscover
ccmad           3114/udp        # CCM AutoDiscover
"/etc/services" [readonly] 10676 lines --53%--              5689,28          53%
```

그림 2.12 〈CTRL-G〉로 현재 문서 정보 보기

이는 탭이 문자로는 하나지만 화면에는 여러 개의 공백으로 표시되기 때문에 열의 위치가 정확하지 않기 때문입니다. 따라서 26-32에서 26은 문자의 개수(탭을 문자 하나로 계산)이며, 뒤의 32는 탭을 공백으로 환산한 열의 위치입니다.

2.5 삭제, 복사, 붙이기, 취소하기

이번에는 잘못 입력했을 때 지우고, 특정 내용을 복사하거나 작업을 취소하는 기능을 살펴보겠습니다.

삭제하기

기본적으로 지우는 키는 키보드의 〈Delete〉 키이지만, 일반 모드에서 x 키도 사용할 수 있습니다. x 키는 특수 키가 없는 미니 키보드나 콘솔 전용 키보드에서 매우 유용합니다.

그러나 Vim의 삭제 키에는 중요한 차이점이 하나 있습니다. 삭제란 상식적으로 커서 뒤의 문자를 지우는 것입니다. 물론 Vim도 마찬가지로 커서 뒤의 문

표 2.7 삭제 명령

명령어	설명
x	커서에 위치한 문자 삭제(〈Delete〉 키와 같음)
dd	현재 행을 삭제
:d	
D	현재 컬럼 위치에서 현재 행의 끝부분까지 삭제(d$와 동일)
J	아래 행을 현재 행의 끝에 붙임(아래 행의 앞부분 공백은 제거됨)

자를 지우지만, 행 끝에 도달하면 앞의 문자를 지우는 백스페이스로도 작동한다는 점이 다릅니다. 이를 유식하게 표현하면, Vim에서는 삭제 키로 개행 문자를 지우지 못한다고 말할 수 있습니다.

예를 들어 그림 2.13과 같이 행의 끝에 커서를 둔 상태에서 x를 누르면 커서 앞에 있는 ; 문자가 삭제될 뿐, 아래 행이 딸려 올라오지 않습니다. 여기서 아래 행을 끌어 올리려면 J 키를 눌러야 합니다. x 키로는 심지어 빈 행도 지우지 못하며, 이는 행 전체를 지우는 명령인 dd를 사용해야 합니다. 이런 특징 때문에 Vim을 처음 사용하는 분은 행 삭제에서 당황하는 경우가 종종 있습니다.

```
if (ret == -1) {
        flg_error = errno;
        elog(LOG_ERROR, flg_error, __LINE__);
        return -1;
}
```
행 끝에서 x를 누른다고 아래 행이 올라오지 않는다.

그림 2.13 Vim의 삭제 키는 개행 문자를 삭제하지 못합니다

J 키를 사용할 때는 두 가지 특징을 알아둬야 하는데 첫째는 커서의 위치가 행의 끝이 아니더라도 잘 작동한다는 점입니다. 보통 다른 에디터는 행의 맨 끝에서 삭제 키를 눌러 아래 행을 붙이지만, Vim은 커서의 위치와 상관 없이 J를 누르면 즉시 아래 행을 맨 끝에 붙여줍니다. 둘째 특징은 그림 2.14와 같이 아래 행의 앞부분 공백을 공백 하나로 치환한다는 점입니다. 아래 행을 붙이는 대다수의 경우 행 앞부분의 공백이 필요 없기 때문에 이 기능은 매우 편리합니

```
if (ret == -1) {
        flg_error = errno;
        elog(LOG_ERROR, flg_error, ▮, __LINE__);
        return -1;
}
```
현재 커서 위치 (일반 모드 상태)

공백 부분

J

```
if (ret == -1) {
        flg_error = errno;
        elog(LOG_ERROR, flg_error, 0, __LINE__); return -1;
}
```
공백은 무조건 한 칸으로 계산

그림 2.14 대문자 J의 작동 모습

다. 만일 하나의 공백도 필요 없다면, gJ라고 명령합니다.

붙여넣기

잠시 고백할 것이 하나 있습니다. 사실 Vim에는 지우는 기능이 없습니다. 방금 삭제 기능을 가르쳐주더니 이게 무슨 헛소리냐고요? Vim에서는 삭제 기능이 무조건 잘라내기로 작동합니다. 그리고 삭제된 내용은 임시 저장소 역할을 하는 레지스터(register)에 저장됩니다. 물론 Vim 레지스터는 삭제 뿐 아니라 복사할 때도 사용됩니다. 이 기능은 잠시 후 자세히 다룰 것입니다.

레지스터가 작동하는 것을 확인하기 위해 일단 Vim을 종료하고, 앞서 작성했던 clientlist.txt 파일을 열어서 dd로 임의의 행을 삭제한 후 커서를 옮겨 p를 눌러보면, 방금 삭제했던 행이 붙여넣기 되는 것을 볼 수 있습니다. p를 계속 누르면 삭제했던 내용이 연속해서 붙을 겁니다. 이렇게 레지스터의 내용을 붙여넣는 기능을 표 2.8에 정리했습니다.

표 2.8 레지스터의 내용을 문서에 붙이는 명령

명령어	설명
p :pu	현재 행에 붙여 넣습니다(put). 개행 문자가 포함된 경우에는 현재 행의 아래에 붙여 넣습니다.
P	현재 행의 위쪽에 붙입니다.

앞에 숫자 5를 넣어서 5p라고 명령해보면 p 명령이 다섯 번 반복됩니다. 이렇듯 일반 모드에서는 모든 명령어 앞에 숫자를 넣어 반복 횟수를 지정할 수 있습니다. 예를 들어 dd는 한 줄을 삭제하지만 3dd라고 하면 세 줄을 삭제합니다. 단, p와 기능이 같지만 명령행 모드의 :pu 명령은 일반 모드의 명령이 아니므로 반복수를 지정할 수 없다는 점을 주의하기 바랍니다.

복사하기

복사할 때는 yy나 :y를 사용합니다. 여기서 y는 뽑아낸다는 뜻을 지닌 yank의 약자입니다. 앞에서 다루었듯이 yy같은 일반 모드 명령은 반복수를 지정할 수 있으므로, 3yy라고 하면 현재 행을 기준으로 세 행을 복사합니다.

표 2.9 레지스터에 행을 복사하는 명령

명령어	설명
yy	현재 행을 레지스터에 복사(yank)합니다.
:y	
Y	

이렇게 해서 삭제, 붙여넣기, 복사하기 기능을 모두 배웠습니다. 이제부터는 이 기능들을 이용해서 복사나 붙여넣기를 하면 편리하겠죠?

Note 그런데 'MS 윈도처럼 마우스로 드래그해서 삭제, 복사할 블록을 선택할 수는 없을까?'라고 생각하는 분도 있을 겁니다. 물론 가능합니다. 이는 비주얼 모드라고 하며 조금 뒤에 다루겠습니다.

작업 취소하기

마지막으로 문서를 편집하다 보면 지우지 말아야 할 것을 지운다든지 하는 실수가 종종 발생합니다. 이런 경우에 실행을 취소하는 undo 기능과 재실행하는 redo 기능을 알아두면 좋습니다.

표 2.10 undo와 redo 기능

명령어	설명
u	undo 기능입니다. 바로 이전에 행한 명령 하나를 취소합니다.
CTRL-R	redo 기능입니다. 바로 이전에 취소했던 명령을 다시 실행합니다.

Vim의 undo는 매우 막강해서 문서를 연 시점부터 지금까지의 모든 작업을 취소할 수 있습니다. 일반 모드에서 u를 꾹 누르고 있으면 문서를 처음 연 시점까지 모든 명령이 취소됩니다. 이후 다시 〈CTRL-R〉을 꾹 누르고 있으면 가장 최근에 했던 작업까지 redo가 실행됩니다.

Tip   이전 명령어 반복하기

마침표(.)는 바로 이전에 행한 동작을 다시 반복해 줍니다. 여기서 바로 이전에 행한 동작이란 입력 모드에서는 〈ESC〉를 누르기 전까지의 행동이며 일반 모드라면 바로 전에 내린 명령어 키입니다. 예를 들어 일반 모드에서 IHello 라는 명령을 입력하면 I로 인해 입력 모드로 변경되면서 행의 맨 앞으로 이동할 것입니다. 곧이어 Hello가 입력되겠지요. 이제 〈ESC〉를 눌러 일반 모드로 돌아가 마침표(.)를 누르면 행의 맨 앞에 Hello라는 문장이 입력됩니다. 다른 행으로 이동하여 마침표(.)를 눌러보면 어떻게 작동하는지 쉽게 이해할 수 있을 것입니다.

이보다 더 복잡한 명령어 반복이나 매크로 사용은 7장에서 녹화 기능을 배울 때 다루겠습니다.

2.6 범위

앞에서 소개한 기능들은 모두, 커서가 위치한 행에 대한 명령이었습니다. 예를 들어 :d 명령은 현재 행을 지우는 명령입니다. 그런데 10행부터 25행을 모두 삭제하려면 어떻게 해야 할까요? 10행으로 가서 :d 명령을 열다섯 번 실행하거나 15dd 명령을 사용해야 할텐데, 아주 깔끔하다는 느낌은 들지 않네요.

그래서 꽤 좋은 기능 두 가지를 소개하겠습니다. 첫째는 :d 명령에 범위를 지정하는 방법입니다. 둘째는 지우려는 부분을 블록으로 지정한 뒤 삭제하는 방법입니다.

범위 지정하기

범위 지정하기는 명령행 모드에서 사용하는데, 예시를 통하는 것이 빠르므로 표 2.11에 적힌 몇 가지 예를 먼저 보고 자세한 설명을 곁들이도록 하겠습니다.

표 2.11 명령행 모드에서 범위 지정 예

명령어	설명
:20d	20번 행을 삭제합니다.
:10,25d	10~25번 행을 삭제합니다.
:10,$d	10~마지막 행까지 삭제합니다.
:%y	문서 전체를 복사합니다. %는 1,$와 동일합니다.
:.,+20y	현재 행부터 아래로 스무 행을 복사합니다.
:-10,+5d	현재 행부터 위로 10행, 아래로 5행, 총 열여섯 행을 삭제합니다.
:40pu	40번 행에 레지스터의 내용을 붙여넣습니다.

명령행 모드에서 범위를 지정할 때는 '시작위치,끝위치'의 형식을 사용합니다. 예를 들어 5,20이라고 하면 5~20번 행까지를 의미합니다.

범위에는 문서의 끝을 의미하는 $ 기호를 사용할 수도 있고, +나 - 기호를 이용해서 상대적인 위치를 지정할 수도 있습니다. 주의할 점은 상대 위치를 사용할 때 현재 위치가 포함된다는 점입니다. 예를 들어 +5는 현재 행에서 아래로 다섯 번째, -10이면 위로 열 번째가 됩니다. 따라서 -10,+5d는 현재 행을 포함하여 총 열여섯 행을 삭제하는 명령이 되죠.

%는 편집 중인 문서 전체를 의미하는데, 풀어서 쓰면 1,$으로 표시할 수도 있습니다. 이렇게 Vim에서 범위로 사용되는 특수 기호는 표 2.12에 정리해두었습니다.

표 2.12 범위 지정에 쓰이는 특수 기호(메타 문자)

명령어	설명
.	현재 행을 의미합니다.
$	마지막 행을 의미합니다.
+#	현재 위치에서 #만큼 아래 행을 의미합니다.
-#	현재 위치에서 #만큼 위 행을 의미합니다.
%	문서(파일) 전체를 의미합니다.

비주얼 모드

행 번호로 범위를 지정하는 방법은 시작 위치와 끝 위치를 계산해야 하기 때문에 간단하게 몇 줄만 지울 때는 불편합니다. 그래서 비주얼 모드라는 것이 탄생했습니다. 이 모드에서는 마치 마우스를 드래그하듯이 시각적으로 블록을 선택, 복사, 삭제할 수 있습니다. 혼글을 능숙하게 다루는 분이라면 〈F3〉 기능을 떠올리시면 됩니다.

비주얼 모드는 표 2.13에 정리된 것처럼 세 가지 형태로 지정할 수 있습니다. 각 기능별 키를 한 번 누른 후 커서를 이동시키면, 색상이 반전되면서 선택된 부분을 시각적으로 확인할 수 있습니다.

표 2.13 비주얼 모드 기능

명령어	설명
v	일반 비주얼 모드로 현재 커서 위치에서 블록을 지정합니다.
V	비주얼 라인 모드로, 현재 커서가 위치한 행에서 행 단위로 블록을 지정합니다.
CTRL-V	비주얼 블록 모드로, 열(column) 단위로 블록을 지정합니다. (〈CTRL-V〉가 예약되어 사용할 수 없는 경우는 CTRL-Q로 대신할 수 있습니다.)

> **caution** 간혹 몇몇 버전의 윈도 Vim에서는 방향 키를 누를 때 비주얼 모드가 해제되는 버그가 존재하는데, 이때는 〈Shift〉 키와 함께 눌러주면 잘 작동합니다. 물론 가만히 있을 때는 〈Shift〉 키를 누르지 않아도 됩니다.

일반 비주얼 모드

소문자 v를 누르면 일반 비주얼 모드에서 블록을 선택할 수 있습니다. 그림 2.15는 2행의 13열, 즉 R에서 소문자 v를 눌러서 4행의 27열인 F 바로 뒤의 쉼표까지 이동한 모습입니다. 비주얼 모드가 되면 하단의 상태바에 '– VISUAL –'이라는 메시지가 나오면서 커서가 이동하는 곳의 색상을 반전시켜 줍니다. 이 상태에서 일반 모드의 모든 명령을 사용할 수 있습니다. 예를 들어 선택 부분을 삭제하고 싶다면 d를 누르고, 복사하고 싶다면 y를 누르면 됩니다. 일단은 계속 다른 기능을 살펴봐야 하므로 〈ESC〉를 눌러서 취소합시다.

```
1304, Yona Yahav, M, 42, MP1
1294, Kebin Robinson, M, 41, CP1
1601, Steven Choi, M, 34, CP3
1314, TW Yoon, F, 46, CP1
1280, Wendy Johnson, 36, CP1, F
1361, Marc Herold, M, 45, MP2
1315, Rina Suzuki, F, 36, MP1
1600, Robert Kim, M, 32, CP3
1297, Rarry Robinson, M, 38, CP2
~
-- VISUAL --                                        4,17        All
```

그림 2.15 **일반 비주얼 모드(소문자 v)**

비주얼 라인 모드

비주얼 라인 모드를 살펴보기 위해 이번에는 대문자 V를 눌러 봅시다. 대문자 V는 무조건 행 단위로만 선택되므로 그림 2.16과 같이 행 단위로 색상이 반전되는 것을 볼 수 있습니다. 참고로 하단의 상태바도 '– VISUAL LINE –'이라고 나타나고 있습니다.

```
1304, Yona Yahav, M, 42, MP1
1294, Kebin Robinson, M, 41, CP1
1601, Steven Choi, M, 34, CP3
1314, TW Yoon, F, 46, CP1
1280, Wendy Johnson, 36, CP1, F
1361, Marc Herold, M, 45, MP2
1315, Rina Suzuki, F, 36, MP1
1600, Robert Kim, M, 32, CP3
1297, Rarry Robinson, M, 38, CP2
~
-- VISUAL LINE --                                  5,17        All
```

그림 2.16 비주얼 라인 모드 (대문자 V)

비주얼 블록 모드

마지막 기능인 〈CTRL-V〉를 확인해 보겠습니다. 그런데 윈도용 Vim에서는 〈CTRL-V〉가 윈도 고유의 단축키인 붙여넣기와 충돌하여 문제가 발생할 수 있습니다. 이런 경우에는 〈CTRL-Q〉로 비주얼 블록 모드를 사용할 수 있습니다. 〈CTRL-Q〉는 굳이 윈도용 Vim이 아니더라도 사용 가능합니다. 예로 몇몇 유닉스·리눅스용 키보드는 〈CapsLock〉 부분에 〈CTRL〉 키가 존재하기 때문에 누르기 편하다는 이유로 〈CTRL-Q〉를 사용하기도 합니다.

```
1304, Yona Yahav, M, 42, MP1
1294, Kebin Robinson, M, 41, CP1
1601, Steven Choi, M, 34, CP3
1314, TW Yoon, F, 46, CP1
1280, Wendy Johnson, 36, CP1, F
1361, Marc Herold, M, 45, MP2
1315, Rina Suzuki, F, 36, MP1
1600, Robert Kim, M, 32, CP3
1297, Rarry Robinson, M, 38, CP2
~
-- VISUAL BLOCK --                                 8,9         All
```

그림 2.17 비주얼 블록 모드 〈CTRL-V〉 (혹은 〈CTRL-Q〉)

비주얼 블록 모드는 열 모드(column mode)라고도 불리는데, 무조건 열 단위로만 선택하고 행은 생각하지 않습니다. 이 방법은 일정한 형식으로 규격화된 열 단위 데이터를 편집할 때 매우 유리합니다.

Tip 비주얼 모드에서 대소문자 변환하기

비주얼 모드에서 유용하게 쓰이는 기능 중에는 대소문자 변환하기가 있습니다. 어떤 비주얼 모드를 사용하든지 텍스트를 선택하고 u를 누르면 모두 소문자로 변환하고 U를 누르면 대문자로 변환합니다. ~를 누르면 대문자는 소문자로, 소문자는 대문자로 전환합니다.

비주얼 모드에서 커서 이동하기

비주얼 모드에서 특정 행까지 이동할 때 화살표 키나 〈PgUp〉, 〈PgDown〉만 사용한다면 매우 불편할 것입니다. 하지만 다행스럽게도 일반 모드에서 특정 행으로 이동하는 키인 #G를 사용할 수 있습니다. 예를 들어 현재 행부터 1500번 행까지를 선택하고 싶다면 비주얼 모드를 켜고 1500G라고 명령하면 됩니다. 마찬가지로 G를 누르면 문서 맨 끝까지 선택되고, gg라고 입력하면 문서의 맨 앞까지 선택될 것입니다.

비주얼 모드 응용하기

지금까지는 비주얼 모드에서 범위를 선택한 후 d나 y 같은 일반 모드의 명령만 사용해 보았습니다. 하지만 비주얼 모드에서 명령행 모드의 명령어도 사용할 수 있고, 이를 통해 다양한 응용이 가능합니다. 그림 2.18은 비주얼 모드로 범위를 선택한 뒤 콜론(:)을 눌렀을 때의 모습입니다. 화면 하단을 보면 :'〈,'〉이 보이는데, 이는 자동으로 입력된 것입니다.

```
1294, Kebin Robinson, M, 41, CP1
1601, Steven Choi, M, 34, CP3
1314, TW Yoon, F, 46, CP1
1280, Wendy Johnson, 36 CP1, F
1361, Marc Herold, M, 45, MP2
1315, Rina Suzuki, F, 36, MP1
1600, Robert Kim, M, 32, CP3
1297, Rarry Robinson, M, 38, CP2
~
~
:'<,'>
```

그림 2.18 비주얼 모드 선택 후 명령행 모드로 진입

' <,'>는 비주얼 모드로 선택한 범위를 의미합니다. 그러므로 그림 2.18의 상태에서 :' <,'>w extfile.txt라고 명령하면 선택된 부분만 extfile.txt 파일로 저장할 수 있습니다. 지금은 여러분이 명령어를 몇 개 배우지 않아서 응용 범위가 좁겠지만, 점점 더 많은 응용이 가능해질테니 비주얼 모드에 익숙해지기 바랍니다.

3장

Getting Started with Vim

옵션, 도움말, 에러 처리

RTFM(Read The Fine Manual)

– 인터넷 격언

앞 장에서는 Vim에 입문하면서 입력 방법과 파일 저장 등 에디터 본연의 기능을 설명했습니다. 그러나 입력만 할 수 있다고 에디터를 다 배운 것은 아닙니다. 이번 장에서는 Vim을 편리하게 사용할 수 있는 옵션과 색상 테마를 설정하는 방법을 다루겠습니다. 또한 궁금한 기능을 찾아서 볼 수 있도록 도움말을 사용하는 방법과 도움말에서 검색어를 사용하는 방법을 설명할 것입니다. 도움말만 잘 볼 수 있어도 Vim의 기능을 스스로 살펴볼 수 있으니, 영어에 거부감이 없는 분이라면 책보다도 훨씬 유용할 것입니다. 마지막으로 초보자들이 종종 접하는 에러 상황을 설명하고 처리하는 방법도 다루겠습니다. 예를 들면 같은 파일을 다시 열 때나 Vim의 갑작스런 오류로 종료했을 때 복구하는 상황 등입니다.

표 3.1 3장에서 살펴볼 기능

살펴볼 기능	명령어
옵션 설정	:set ...
옵션 파일	.vimrc (혹은 _vimrc)
색상 테마	:colo ...
도움말	:help ...
검색어 확장	〈CTRL-D〉

3.1 Vim의 옵션

Vim은 내부에 작업 환경을 조절하는 변수를 가지고 있습니다. 이를 옵션이라고 하며, 이 값을 바꾸면 표시되는 화면의 형태, 데이터나 파일을 조작하는 방식을 변경할 수 있습니다. 옵션의 설정이나 옵션 목록에 대한 자세한 설명은 도움말의 options 항목에서 살펴볼 수 있으며, 도움말을 이용하는 방법은 이번 장의 뒷부분에 소개되어 있습니다.

옵션 상태 확인하기

Vim에는 너무나 많은 옵션이 있기 때문에 이 옵션들을 모두 다루기란 거의 맨땅에 헤딩하기와 같습니다. 옵션이 얼마나 많은지 확인해볼까요? 명령행 모드에서 :set all이라고 명령하면 그림 3.1과 같은 화면이 나타납니다.

```
:set all
--- Options ---
  aleph=224           foldcolumn=0          nonumber             switchbuf=
noarabic              foldenable            numberwidth=4        synmaxcol=3000
  arabicshape         foldexpr=0            omnifunc=            syntax=
noallowrevins         foldignore=#          operatorfunc=        tabline=
noaltkeymap           foldlevel=0           nopaste              tabpagemax=10
  ambiwidth=single    foldlevelstart=-1     pastetoggle=         tabstop=8
noautochdir           foldmethod=manual     patchexpr=           tagbsearch
noautoindent          foldminlines=1        patchmode=           taglength=0
noautoread            foldnestmax=20        nopreserveindent     tagrelative
noautowrite           formatexpr=           previewheight=12     tagstack
noautowriteall        formatoptions=tcq     nopreviewwindow      term=xterm
-- More --
```

그림 3.1 Vim의 모든 옵션 설정 상태 출력(:set all의 결과)

:set all 명령은 Vim에서 사용하는 모든 옵션을 보여주는데, 출력 결과를 보면 열이 딱 맞지 않고 들쭉날쭉한 것을 알 수 있습니다. 조금 자세히 들여다보면, 앞에 no가 붙은 것들은 삐쭉 나와 있고, no가 없는 것들은 들어가 있는 것을 눈치 챌 수 있습니다. 여기서 no가 앞에 붙은 옵션은 현재 비활성화(disabled) 상태고, no가 붙지 않은 것들은 활성화 상태입니다. 또한 중간에 등호 기호(=)가 적혀있는 옵션은 특정 값이 설정된 옵션입니다. 즉 비활성 옵션, 활성 옵션, 특정 값이 설정된 옵션으로 나눌 수 있습니다.

그림 3.1을 보면 Vim의 옵션이 그리 많아 보이지 않습니다. 하지만 화면 아래에 '- More -'라는 표시가 있는데, 이는 현재 화면에 다 표시하지 못했다는 의미입니다. 따라서 옵션을 더 보고 싶으면 〈Enter〉나 〈Space〉를 누르면 되고, 그만 보려면 q를 누르면 됩니다. 〈Space〉를 눌러가며 얼마나 많은 옵션이 있는지 한번 확인해보기 바랍니다.

이제 :set all 명령이 아닌 :set을 실행해보면 현재 설정된 주요 옵션들만 간략하게 볼 수 있습니다.

```
~
:set
--- Options ---
  cscopetag           hlsearch         ttymouse=xterm2        t_Sf=^[[3%dm
  cscopeverbose       ruler            viminfo='20,"50
  helplang=en         scroll=5         window=11
  history=50          ttyfast                                 t_Sb=^[[4%dm
  backspace=indent,eol,start
  cscopeprg=/usr/bin/cscope
  fileencodings=ucs-bom,utf-8,latin1
  guicursor=n-v-c:block,o:hor50,i-ci:hor15,r-cr:hor30,sm:block,a:blinkon0
Press ENTER or type command to continue
```

그림 3.2 Vim의 현재 주요 옵션 설정 상태 출력(:set의 결과)

옵션 설정하기

이제 기본적인 옵션 몇 가지를 배워보겠습니다. 지금 다룰 옵션 외에도 중요한 옵션이 많지만, 한 번에 많은 옵션을 배우면 효율도 떨어지고 책의 본래 목적에서도 한참 벗어나므로, 다른 장에서 관련 기능이 나올 때 조금씩 소개하겠습니다. 먼저 옵션을 설정하거나 확인하는 명령어인 :set 명령부터 정리해봅시다.

표 3.2 set 명령어 사용법

명령어	설명
:set	현재 옵션 설정을 보여줍니다.
:set all	모든 옵션 설정을 보여줍니다. (off 상태의 옵션까지 모두 출력)
:set [no]name	name에 해당하는 옵션을 켜거나 끕니다. 앞에 no를 붙이면 off 상태가 됩니다.
:set name!	name 옵션의 on, off 상태를 전환(toggle)합니다.
:set name=value	name에 해당하는 옵션에 value 값을 할당합니다. name만 지정하면 해당 옵션의 value 값을 보여줍니다.

예를 들어 :set autoindent는 autoindent 기능을 켜는 명령이고, 앞에 no를 붙여서 :set noautoindent라고 명령하면 autoindent 기능이 꺼집니다. vim의 옵션 중에는 긴 이름이 많은데 이들은 대부분 축약된 이름도 지원합니다. 예를 들어 autoindent는 ai로 축약할 수 있습니다. 따라서 :set ai나 :set noai라고만 명령해도 됩니다.

옵션 이름 뒤에 느낌표(!)를 붙여 옵션의 on, off 상태를 전환할 수도 있습니다. 예를 들어 :set ai!라고 명령하면 옵션이 켜지고 꺼지고를 반복하게 됩니다.

옵션에 숫자나 문자열 등의 값이 지정되어야 하는 경우는 :set name=value 형식으로 명령합니다. 주의할 점은 name과 value와 등호 기호(=) 사이에는 공백이 허용되지 않는다는 점입니다. 만일 중간에 공백을 넣어서 :set name = value로 쓰면 에러가 발생합니다. 값을 지정해야 하는 옵션에서 value를 생략하면 현재 설정된 값이 출력됩니다. 예를 들어 :set ts=4는 ts 옵션에 4를 지정하는 명령어지만, :set ts라고 하면 현재 ts 값을 표시해 줍니다. 만일 여러 옵션을 한 행에서 연속해서 지정할 때는 :set name1[=value] name2[=value] ...처럼 공백으로 구별하면 됩니다.

편집과 관련된 옵션

이제 편집에 관련된 기초 옵션 몇 가지를 간략하게 정리한 뒤에 각각에 대해 자세히 살펴보겠습니다.

표 3.3 편집에 관련된 기초 옵션들

옵션 이름(괄호 안은 긴 이름)	설명
nu (number)	화면에 행 번호를 표시합니다.
ai (autoindent)	자동 들여쓰기를 사용합니다.
cindent	C 언어 스타일의 들여쓰기를 사용합니다.
ts=value (tabstop)	탭 크기를 value로 지정합니다.
sw=value (shiftwidth)	블록 이동시 열의 너비입니다.
tw=value (textwidth)	편집할 화면의 열 길이를 정합니다. (0이면 비활성화)

행 번호 출력 옵션

nu(혹은 number) 옵션은 행 앞에 번호를 출력합니다. 행 번호를 출력하면 보기에는 매우 좋지만, 프로그래밍할 때는 오히려 귀찮고 좌측의 화면 일부를 차지하는 단점도 있습니다. 우선 연습삼아 :set nu로 옵션을 켜봅니다. 물론 긴 옵션 이름을 사용하여 :set number로 해도 결과는 같습니다.

```
  1 #include <stdio.h>
  2 #include <stdlib.h>
  3 int main()
  4 {
  5         printf(" Hello World \n");
  6         exit(EXIT_FAILURE);
  7 }
~
~
~
:set nu                                              7,1         All
```

그림 3.3 nu 옵션의 설정 모습(:set nu의 결과)

옵션을 다시 끄려면 앞에 no를 붙이면 된다고 했으니 :set nonu라고 명령하면 됩니다.

자동 들여쓰기 옵션

ai(혹은 autoindent)는 자동으로 들여쓰기(indentation)를 넣어주는 옵션입니다. 들여쓰기는 가독성(readability)이 높은 코드를 작성하는 데 도움을 줍니다. 그래서 대부분의 프로그래머들은 들여쓰기를 생활화하지만, 매 행마다 탭을 계속 입력하기란 매우 귀찮습니다. 따라서 Vim에서는 ai 옵션을 제공합니다. 이 옵션은 새 행의 들여쓰기를 이전 행의 들여쓰기와 동일하게 맞춰줍니다. ai 옵션을 사용하는 경우와 사용하지 않는 경우의 차이는 그림 3.4에 나타나 있습니다.

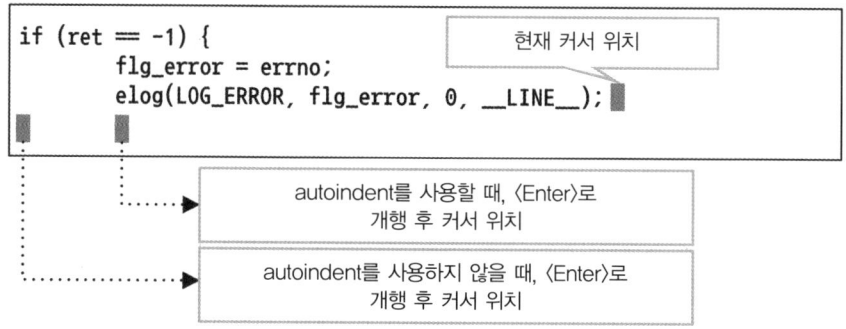

그림 3.4 ai(autoindent) 옵션에 따른 개행 후 커서 위치

확장된 자동 들여쓰기 옵션

ai는 이전 행의 탭 개수만 보전해주기 때문에 여는 중괄호로 새 블록을 만들 때는 프로그래머가 수동으로 탭을 넣고, 닫는 중괄호를 사용한 후에도 수동으로 탭을 빼야 합니다. 이런 작업은 프로그래밍할 때 불편하기 때문에 확장된 자동 들여쓰기 기능인 cindent가 제공됩니다. 옵션 이름은 C 언어를 위한 것처럼 보이지만, 대다수 프로그래밍 언어가 C 언어 스타일을 따르기 때문에 편의상 cindent라고 할뿐이며, 블록 구조를 사용하는 대부분의 언어에서 잘 작동합니다.

cindent를 설정한 경우와 설정하지 않은 경우의 차이는 그림 3.5와 같습니다.

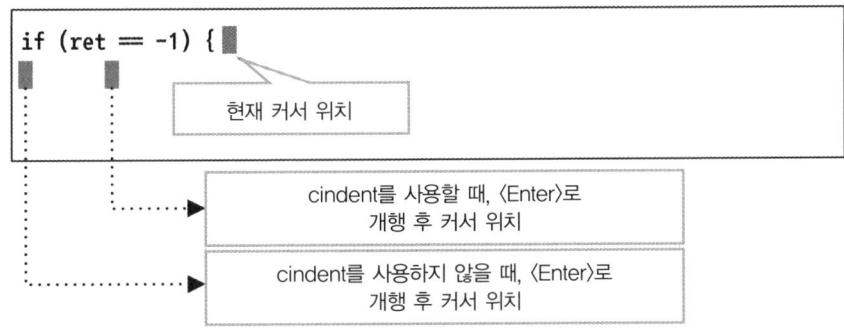

그림 3.5 cindent의 확장된 자동 들여쓰기 기능

그림 3.5를 보면 cindent가 설정된 경우, 블록을 시작하는 문자인 { 이후에 ⟨Enter⟩를 입력하면 자동으로 탭을 더 넣어서 들여쓰기를 합니다. 그리고 블록을 닫는 } 문자 이후에 ⟨Enter⟩가 입력되면 탭을 빼줍니다. 이 외에 세미콜론(;)이 닫히지 않은 경우도 자동으로 탭을 두 개 넣어서 구분을 해줍니다. 이렇게 편리한 기능 덕분에 프로그래머들은 Vim의 cindent를 주로 사용합니다.

탭 크기 옵션

ts는 tabstop의 축약 표현이며, 탭 하나를 화면상에 몇 개의 공백으로 표시할지를 설정합니다. 기본값은 8인데 네 칸으로 변경하고 싶다면 :set ts=4 명령을 입력하면 됩니다. 명령 후 바로바로 탭 크기가 변하는 것을 확인할 수 있으니 2나 3 같은 수치를 넣어서 확인해보기 바랍니다. 농담으로 개발자들 사이에서 탭 크기를 3으로 쓰면 변태라는 말도 있으니 주의하기 바랍니다.

블록 시작 들여쓰기 옵션

sw는 shiftwidth의 축약 표현이며, 블록 시작시 자동으로 들여쓰는 길이를 설정합니다. 예를 들어 앞에서 cindent 옵션을 설정하면 블록을 시작할 때 자동으로 탭을 넣어준다고 했는데, 이때 자동으로 들여쓰는 칸의 길이를 설정합니다. 따라서 sw는 ts와 동일하거나 그 배수로 지정되어야 합니다. 만일 ts=4라면

sw=4나 sw=8처럼 지정해야 한다는 뜻입니다. 대개 ts와 sw는 동일한 수치를 쓰지만, 탭 크기를 작게 사용하여 ts=2, sw=4로 지정하는 경우도 있습니다. 이와 같은 경우 sw는 탭을 두 개씩 넣게 됩니다.

화면 너비 옵션

마지막으로 tw는 텍스트의 화면 너비, 즉 열 길이(column length)를 설정합니다. 이 값은 화면을 정렬할 때 기준이 되며, 텍스트 파일(*.txt)을 편집할 때는 이 길이를 기준으로 자동 개행이 이뤄집니다. 만일 자동으로 개행되는 기능이 필요없다면 tw를 0으로 설정하면 됩니다.

3.2 옵션과 색상 테마 저장하기(vim 설정 파일)

앞서 옵션을 지정하는 방법을 배웠지만 Vim이 종료되면 설정했던 옵션이 모두 초기화됩니다. 따라서 옵션을 파일로 저장해 두어야만 매번 :set 명령을 내리는 수고를 덜 수 있습니다. 유닉스 계열에서는 이런 설정 파일들의 끝에 rc라는 이름을 붙입니다. Vim의 설정 파일도 홈 디렉터리에 .vimrc라는 이름으로 만들어 두면 됩니다. 도스나 윈도 계열에서는 마침표로 시작하는 파일명이 허용되지 않으므로 대신 _vimrc라는 파일명을 사용합니다.

> **Note** 윈도 비스타나 윈도 7의 경우 홈 디렉터리가 'C:\사용자\자신의 ID' 이며, 윈도 XP의 경우 'C:\Documents and Settings\자신의 ID' 입니다.

설정 파일 만들기

Vim을 실행한 후 리눅스, 유닉스, 맥에서는 :e ~/.vimrc라고 명령하고, 윈도 계열에서는 :e ~/_vimrc라고 명령하여 설정 파일을 엽니다. 여기서 e는 edit 명령어의 축약 표현으로, 파일을 편집하는 명령이며, 물결 표시(~)는 자신의 홈 디렉터리를 의미합니다. 파일을 여는 명령(e)은 5장에서 더 자세하게 다루기로 하고 여기서는 그냥 넘어가겠습니다.

vim 설정 파일을 열었다면 코드 3.1의 내용을 입력한 후 저장합니다.

코드 3.1 **.vimrc 파일(혹은 _vimrc)에 넣을 내용**

```
" vim runtime configuration file
set ai cindent
set ts=4 sw=4
```

코드 3.1의 1행은 겹 따옴표로 시작하는데, 이는 주석문을 의미합니다. 이어서 2행과 3행에는 한 행에 두 개씩 총 네 개의 옵션이 나옵니다. 그런데 한 가지 유의할 점이 있습니다. 설정 파일에 저장된 옵션은 앞에 콜론(:)을 붙이지 않습니다. 왜냐하면 설정 파일이 원래 명령행 모드에서 처리되기 때문입니다. 콜론을 붙이면 오히려 에러가 납니다.

설정 파일의 내용은 Vim에서 강제로 불러오지 않는 한 시작할 때 한 번만 읽습니다. 그러므로 .vimrc 파일을 변경한 후 적용하려면 Vim을 종료하고 다시 시작해야 합니다.

설정 파일을 작성한 후 Vim에서 clientlist.txt 파일을 열고 :set 명령을 내려보면, ai가 설정되고 ts와 sw가 4로 설정된 것을 확인할 수 있습니다. 그런데 cindent가 보이지 않을 겁니다. 이유는 cindent가 프로그래밍 옵션이어서, 텍스트 파일(*.txt)을 여는 경우에는 자동으로 꺼지기 때문입니다. 물론 억지로 사용하고 싶다면 수동으로 :set cindent 명령을 입력하면 됩니다.

```
:set
--- Options ---
  autoindent           history=50          shiftwidth=4        ttymouse=xterm2
  cscopetag            hlsearch            tabstop=4           viminfo='20,"50
  cscopeverbose        ruler               textwidth=78        t_Sb=^[[4%dm
  helplang=en          scroll=4            ttyfast             t_Sf=^[[3%dm
  backspace=indent,eol,start
  cscopeprg=/usr/bin/cscope
  fileencoding=utf-8
-- More --
```

그림 3.6 .vimrc 설정이 적용된 예

> **caution** vim 실행 중에 ':source 파일' 명령을 사용하면 외부 환경 파일이나 스크립트 파일을 불러올 수 있습니다. 따라서 .vimrc 파일을 변경한 후에 :source .vimrc 명령을 사용하면 옵션이 바로 적용되리라 기대할 수도 있겠지만, 몇몇 기능에 오류가 발생할 수도 있으니 .vimrc 파일을 수정했다면 꼭 재시작하기를 권합니다.

문법 오류 표시

Vim에는 색상 표현이 가능한 터미널에서 문법이나 특수 문자들을 여러 색상으로 강조해주는 기능이 있습니다. 이로 인해 가독성을 높이고 오타도 줄일 수 있지요. 예를 들어 C 언어 코드를 작성하는 도중에 예약어인 for를 입력하면 특별한 색상으로 표시해 줍니다. 그런데 사용자가 실수로 fot라고 입력하면 색상이 변하지 않으므로, 실수를 쉽게 파악할 수 있습니다. 이 외에도 따옴표가 닫히지 않거나 블록의 괄호 개수가 다르면 색상을 강조해서 알려줍니다.

그럼 이제 코드 3.2의 내용을 작성하여 hellovim.c 파일로 저장해 봅시다. 참고로 이 코드는 일부러 틀리게 작성되었습니다.

코드 3.2 틀리게 작성된 C 언어 코드(3행과 7행에 오류)

```
01  /* 파일명 : hellovim.c */
02  #include <stdio.h>
03  int main(
04  {
05      int i;
06      for (i=0; i<10; i++) {
07          printf("[%d] Hello vim.\n, i);
08      }
09      return 0;
10  }
```

hellovim.c 코드의 3행에서는 소괄호를 닫지 않았고, 7행에서는 쌍 따옴표를 닫지 않았습니다. 기본값으로 문법 체크 기능이 켜진 경우가 많지만 몇몇 Vim은 기본값으로 문법 체크기능이 켜지지 않은 경우도 있으니 :syntax enable로 문법 체크를 켜보고 :syntax clear로 문법 체크 기능을 꺼보기도 하면 색상의 변화를 볼 수 있습니다. 주의할 점은 syntax는 옵션이 아니므로 앞에 set을 붙이지 않는다는 점입니다.

:syntax enable은 문법 표시(syntax highlight) 기능을 활성화하여 잘못된 예약어의 사용이나 블록 구조, 특수 기호를 눈에 잘 띄게 표시합니다. 이런 문법 표시 기능이 부담스러울 때에는 clear로 비활성화할 수 있습니다.

표 3.4 syntax 명령어

명령어	설명
:syntax enable	문법 표시를 사용합니다.
:syntax clear	문법 표시를 사용하지 않습니다.

색상 테마

문법 표시 기능(syntax)이 활성화(enable)되면 여기에 색상 테마를 입힐 수 있으며 이때 사용하는 명령이 :colorscheme입니다. 이 기능도 옵션이 아니므로 앞에 set을 붙이지 않는다는 점을 주의하기 바랍니다.

표 3.5 colorscheme 명령어

명령어	설명
:colorscheme <scheme>	〈scheme〉 색상을 사용합니다.

현재 Vim 7.3 버전에는 표 3.6과 같이 열일곱 종류의 색상 테마가 들어 있습니다.

표 3.6 Vim 7.3의 색상 테마 종류

색상 테마 이름	설명
blue	밝은 청색 계열을 사용합니다.
darkblue	어두운 청색 계열을 사용합니다.
default	기본값입니다.
delek	청색과 녹색 계열을 사용합니다.
desert	모래색 계열을 사용합니다.

표 3.6 Vim 7.3의 색상 테마 종류(계속)

색상 테마 이름	설명
elflord	흰색, 밝은 자주색 계열을 사용합니다.
evening	저녁 분위기에 알맞은 밝은 색 계열을 사용합니다.
koehler	elflord와 비슷하지만 좀더 대조적인 색상을 사용합니다.
morning	회색톤 계열을 사용합니다.
murphy	녹색 계열을 사용합니다.
pablo	회색, 녹색, 노랑을 사용합니다.
peachpuff	default와 비슷하지만, 좀더 어둡습니다.
ron	default와 비슷하지만, 좀더 밝습니다.
shine	morning과 비슷하지만, 좀더 밝습니다.
slate	밝은 자주색, 청색, 청록색을 사용합니다.
tortc	청색, 밝은 자주색 계열을 사용합니다.
zellner	전체적으로 붉은 색 계열을 사용합니다.

이 색상 테마를 모두 외우기란 힘들며, Vim도 그렇게 막무가내로 만들어지지는 않았습니다. 이 색상 테마 목록은 셸에서 사용하는 명령어 완성 기능과 비슷하게 〈Tab〉을 이용해서 순서대로 볼 수 있습니다. 또한 〈CTRL-D〉를 누르면 가능한 목록을 화면에 보여줍니다. (이 기능은 색상 테마뿐만 아니라 대부분의 명령어에서도 동일하게 쓸 수 있습니다.)

따라서 그림 3.7와 같이 :colorscheme과 공백 하나까지 입력하고 〈Tab〉 키를 누르면 blue부터 시작해서 darkblue, default 순으로 테마 이름이 자동 완성됩니다. 〈Shift-Tab〉을 누르면 역순으로 나옵니다. 시작 문자 한두 개를 입력한 후 〈Tab〉으로 완성할 수도 있습니다. 예를 들어 :colorscheme m이라고 입력한 후 〈Tab〉을 누르면 morning이라고 완성될 것입니다.

마지막으로, :colorscheme과 공백 하나까지 입력한 후 〈CTRL-D〉를 눌러 가능한 테마를 모두 살펴보기 바랍니다.

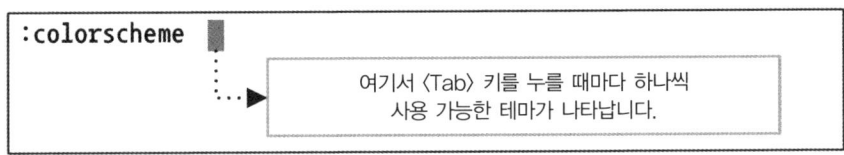

그림 3.7 colorscheme의 테마 자동 완성 기능

그럼 이제 어느 테마가 좋을지만 결정하면 됩니다. 개인적인 취향으로는 shine과 slate, ron을 많이 사용합니다. shine을 사용하는 경우의 .vimrc 파일을 보겠습니다.

코드 3.3 .vimrc 파일에 syntax와 colorscheme(colo) 추가

```
" vim runtime configuration file
set ai cindent
set ts=4 sw=4
syntax enable
colo shine
```

코드 3.3에서는 4, 5행에 문법 표시와 컬러 테마를 추가했습니다. 5행의 colo는 colorscheme의 축약 명령어입니다.

참고로 고급 유저들은 컬러 테마를 직접 만들어 사용하기도 합니다. 혹은 기존의 컬러 테마를 약간 수정해서 본인이 원하는 형태로 바꾸기도 하고요. 하지만 컬러를 직접 지정하는 방법은 이 책의 범위를 벗어나므로 다루지 않으나 궁금한 분들은 매뉴얼의 syntax 부분을 참고하면 좋습니다.

Tip 파일별로 옵션을 지정하고 싶을 때

특정 파일에만 고유한 옵션을 지정하고 싶은 경우가 있습니다. 예를 들어 helloworld.cc라는 파일에만 ts=2 sw=2 옵션을 지정하고 싶다면, 첫 행에 다음과 같이 적어두면 됩니다.

/* vim: set ts=2 sw=2: */

3.3 도움말 사용하기

지금까지 배운 기본 기능들은 Vim의 전체 기능 중 1퍼센트에도 미치지 못합니다. 그리고 이 책에서 모든 기능을 다룰 수도 없습니다. 아마 잘 해봐야 전체 기능의 5퍼센트 정도를 다루게 될 것입니다. 그러면 나머지 기능은 어떻게 할까요? 좀더 두꺼운 책을 봐도 좋겠지만, Vim에는 도움말이라는 좋은 기능이 있습니다. 그래서 이번에는 고기를 잡는 방법이라 할 수 있는 도움말 사용법을 소개하겠습니다.

도움말 보기

도움말은 :help topic 명령으로 볼 수 있으며 topic 부분에 궁금한 기능의 이름을 넣어주면 됩니다. 예를 들어 w 키가 의미하는 바를 알고 싶다면 :help w라고 명령하면 됩니다. 그런데 일반 모드의 w는 우측 단어로 이동하는 키인 반면, 명령행 모드의 :w는 파일을 저장하는 키입니다. 일반 모드의 w와 명령행 모드의 w는 전혀 다른 기능이란 말입니다. 따라서 :help w 명령과 :help :w 명령은 전혀 다른 내용을 보여줄 것입니다. 이렇게 각 모드별로 달라지는 접두어는 표 3.7과 같습니다.

표 3.7 도움말에 사용되는 접두어

모드	접두어	예
일반 모드	없음	:help x
입력 모드	i_	:help i_CTRL-N
명령행 모드	:	:help :w
비주얼 모드	v_	:help v_u
vim 실행 인수	-	:help -r
옵션	'	:help 'tabstop'
명령행 모드 특수키	c_	:help c_CTRL-B

Tip Vim의 도움말은 분할 창으로 열리기 때문에 닫을 때는 :q로 닫아주면 됩니다. 닫지 않고 편집 중인 문서로 이동하고자 할 때는 〈CTRL-W〉 w와 같은 키를 사용합니다. 분할 창의 자세한 사용법은 5.3절 '창 분할'에서 설명하도록 하겠습니다.

도움말 검색어 자동 완성하기

검색할 topic이 기능키가 아니라 명령어인데, 기억이 분명하지 않아서 어떤 명령어인지 검색해야 하는 경우에는 어떻게 해야 할까요? 이때는 색상 테마를 설정할 때 살펴봤던 〈CTRL-D〉를 사용합니다. 그림 3.8은 :help word까지 입력한 후 〈CTRL-D〉를 누른 결과를 보여주고 있습니다.

```
~
:help word
word                          :<cword>                g:ada#Keywords
word-count                    'cinwords'              netrw-password
word-motions                  'lispwords'             g:ada_omni_with_keywords
spell-wordlist-format         'iskeyword'             :<cWORD>
internal-wordlist             'keywordprg'            g:ada#DotWordRegex
WORD                          :syn-keyword            spell-FORBIDDENWORD
ada#Word()                    compl-keyword           spell-COMPOUNDWORDMAX
g:ada#WordRegex               spell-midword
spell-WORDCHARS               spellbadword()
:help word
```

그림 3.8 **도움말에서 검색 기능**

〈CTRL-D〉는 도움말 검색 외에 명령행 모드에서 사용되는 명령어나 인수 검색에도 사용됩니다. 예를 들어 :w까지 입력한 후 〈CTRL-D〉를 누르면 :w로 시작하는 모든 명령어를 볼 수 있습니다.

도움말 내용 살펴보기

이제 그림 3.8에서 검색된 결과 중에 :syn-keyword 항목을 보기 위해 :help :syn-keyword라고 명령합니다. 도움말 명령이 실행되면 그림 3.9와 같은 화면이 보입니다.

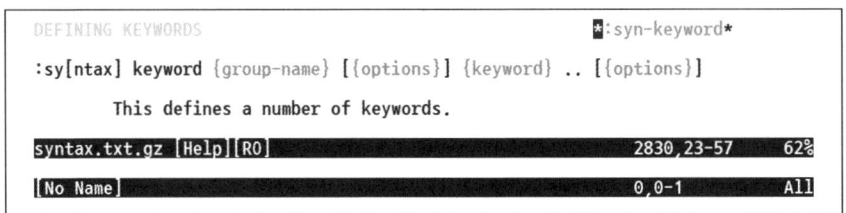

그림 3.9 :syn-keyword의 도움말

오른쪽 상단을 보면 검색했던 도움말의 타이틀인 *:syn-keyword*가 보이는데, 양 옆의 별표(asterisk)는 타이틀을 구별하기 위함이며 별 뜻은 없습니다. (색상 테마에 따라서 별표가 잘 보이지 않을 수도 있습니다.)

본문의 그림은 흑백이라 구별이 어렵지만 색상 표현이 가능한 터미널에서는 여러 색상으로 표현된 단어들이 꽤 있을 겁니다. 이렇게 강조된 부분들은 다른 도움말 문서와 연결되어 있는 태그로서, 커서를 해당 부분에 위치하고 〈CTRL-]〉를 누르면 연결된 도움말로 이동할 수 있습니다. :syn-keyword 항목의 조금 아래를 살펴보면 :syn-arguments라고 쓰여진 부분의 색상이 조금 다를텐데, 이 부분에 커서를 두고 〈CTRL-]〉를 눌러 봅시다. 새 항목으로 이동한 후에는 그림 3.10과 같이 오른쪽 상단의 타이틀이 *:syn-arguments*로 바뀝니다.

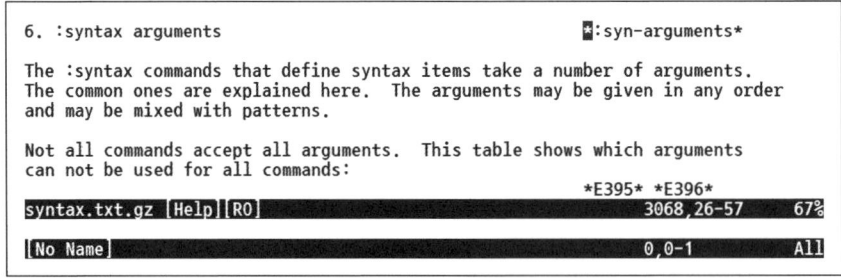

그림 3.10 :syn-arguments 도움말로 이동한 화면

여기서 볼 수 있듯이 Vim의 도움말은 하이퍼텍스트처럼 서로 연결되어 있으므로, 궁금한 태그가 있으면 즉시 이동하여 내용을 확인하고 되돌아오면 됩

니다. 원래 위치로 되돌아오는 키는 〈CTRL-T〉입니다. 참고로 타이틀(태그) 이동은 도움말 뿐만 아니라 프로그램 소스코드 내에서 함수나 클래스 사이를 이동하는 기능으로도 사용됩니다.

표 3.8 타이틀(태그) 이동 관련 명령어

명령어	설명
CTRL-]	커서가 위치한 타이틀(태그)로 이동합니다.
CTRL-T	이전 타이틀(태그)로 이동합니다.
:tags	현재 이동한 타이틀(태그)들의 리스트를 보여줍니다.

그런데 여러 개의 키 입력을 사용하는 명령어의 도움말은 어떻게 볼까요? 예를 들어 〈CTRL-W〉 n 기능의 도움말을 보고 싶다고 가정합시다. 이런 경우에는 각 입력을 밑줄(under-line)로 연결해서 :help CTRL-W_n와 같이 입력해야 합니다. 만일 〈CTRL-R〉〈CTRL-F〉라면 :help CTRL-R_CTRL-F라고 입력하면 됩니다.

3.4 에러 처리

Vim에서 같은 파일을 또다시 열면 이상한 경고 화면이 나타납니다. 이 경고 화면의 복잡한 메시지 때문에 당황하는 경우가 많은데요. 이번에는 경고 화면이 보여주는 메시지의 내용과 문제를 해결하는 방법을 알아보겠습니다.

파일 중복 열기 에러

우선 경고 화면을 일부러 만들기 위해 예전에 작성했던 helloworld.c 파일을 열고, 곧바로 〈CTRL-Z〉를 눌러 봅니다. 유닉스나 리눅스라면 Vim이 잠시 정지하면서 터미널로 다시 빠져나올 테고, 윈도라면 창이 최소화될 것입니다. 그런 뒤에 helloworld.c 파일을 다시 열어 봅시다.

Note 유닉스나 리눅스에서 〈CTRL-Z〉를 누르면 현재 작동 중인 포어그라운드 (foreground) 프로세스가 잠시 정지합니다. 유닉스나 리눅스 사용자라면 이 기능을 이용해서 터미널에서 멀티태스킹을 할 수 있습니다.

예를 들어 리눅스에서 Vim으로 helloworld.c 파일을 열고 〈CTRL-Z〉를 누르면 그림 3.11처럼 터미널로 빠져나올 수 있습니다. 이때 이전에 실행하던 Vim이 정지(Stopped) 되었다는 문구를 확인할 수 있습니다.

```
[linuxer@dev ~]$ vi helloworld.c
[1]+  Stopped                 vim helloworld.c
[linuxer@dev ~]$ 
```

그림 3.11 Vim 편집 중 〈CTRL-Z〉를 누른 화면

Stopped 앞에 나온 번호(여기서는 1)는 작업 번호입니다. 이 작업 번호를 이용해서 터미널에서 'fg %작업번호' 라고 명령하면 정지된 작업을 다시 불러올 수 있습니다. 예를 들어 'fg %1' 이라고 하면 1번 작업을 다시 불러오게 되지요. 인수없이 fg를 실행하면 가장 최근에 중지된 작업을 불러옵니다.

실제로 유닉스나 리눅스에서는 〈CTRL-Z〉를 이용해서 멀티태스킹이 가능하기 때문에, Vim으로 파일을 편집하다가 잠시 터미널로 나와서 다른 작업을 하거나 다른 파일을 열고 작업하는 경우가 흔합니다. 하지만 이러다보면 어떤 파일을 〈CTRL-Z〉로 정지해 두었다는 사실도 잊어버리고 다시 열게 되는 일도 발생합니다.

이처럼 동일한 파일을 두 군데서 열려고 할 때, Vim은 경고 메시지를 보여줍니다. 그림 3.12는 helloworld.c 파일을 두 번 열려고 할 때의 경고 메시지입니다. 메시지의 위쪽에는 파일에 대한 정보들이 나오고 아래쪽에는 상황에 대한 설명이 나오고 있습니다. 그리고 맨 아래에는 .helloworld.c.swp 파일이 이미 존재하기 때문이라고 설명하고 있습니다.

사실 Vim에서 파일을 열면 스왑 파일을 하나 생성합니다. 생성된 스왑 파일

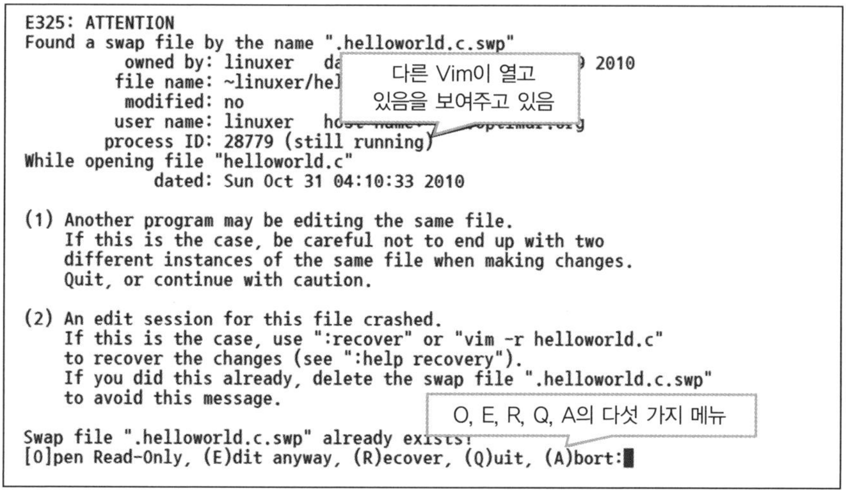

```
E325: ATTENTION
Found a swap file by the name ".helloworld.c.swp"
          owned by: linuxer    da                    2010
         file name: ~linuxer/he
          modified: no
         user name: linuxer    ho
        process ID: 28779 (still running)
While opening file "helloworld.c"
             dated: Sun Oct 31 04:10:33 2010

(1) Another program may be editing the same file.
    If this is the case, be careful not to end up with two
    different instances of the same file when making changes.
    Quit, or continue with caution.

(2) An edit session for this file crashed.
    If this is the case, use ":recover" or "vim -r helloworld.c"
    to recover the changes (see ":help recovery").
    If you did this already, delete the swap file ".helloworld.c.swp"
    to avoid this message.

Swap file ".helloworld.c.swp" already exists!
[O]pen Read-Only, (E)dit anyway, (R)ecover, (Q)uit, (A)bort:
```

다른 Vim이 열고 있음을 보여주고 있음

O, E, R, Q, A의 다섯 가지 메뉴

그림 3.12 **파일을 중복해서 열었을 때의 안내 화면**

은 원래 파일명 앞에 마침표(.)를 하나 붙여서 숨김 파일로 만들고, 뒤에는 .swp의 확장자명을 붙입니다. 이 스왑 파일에는 편집 과정의 모든 이력이 저장되어 실행 취소(undo) 용도로 사용되는데, Vim이 정상적으로 종료되면 스왑 파일은 자동으로 삭제됩니다. 하지만 Vim이 종료하지도 않았는데 또 같은 파일을 열면 스왑 파일을 만들지 못하기 때문에 에러가 발생합니다.

이 에러에 대해 Vim에서는 다섯 가지 해결책을 제시합니다. 각 방법을 실행하려면 대괄호나 소괄호로 둘러싸인 영문 대문자를 입력하면 됩니다. 만일 그냥 〈Enter〉를 입력하면 대괄호로 둘러싸인 방법이 기본값으로 선택됩니다.

표 3.9 중복해서 파일을 열었을 때 실행 가능한 명령

명령어	설명
O	읽기 전용으로 파일을 엽니다.
E	무시하고 파일을 편집합니다.
R	복구 모드로 파일을 엽니다.
Q	Vim을 종료합니다.
A	Vim을 종료합니다. (core 파일을 만들 수 있다면 만듭니다. 디버깅 용)

(여기서는 [O]pen Read-Only가 선택됩니다.)

각 해결책의 의미는 표 3.9와 같습니다.

Note 유닉스, 리눅스 계열에서 마침표(.)로 시작하는 파일은 숨김 파일입니다.

읽기 전용(O)으로 열어보는 경우에는 기존 스왑 파일에 아무런 영향을 주지 않습니다. 그러나 무시하고 파일을 편집(E)하면 나중에 서로 덮어쓰는 경우가 발생할 수 있습니다.

복구 모드(R)는 Vim이 비정상적으로 종료하여 스왑 파일의 내용이 원본 파일에 저장되지 못한 경우에 사용합니다. 이때는 안내 메시지가 약간 다르기 때문에 쉽게 판단할 수 있습니다. 예를 들어 그림 3.12에는 process ID 부분의 pid 번호 뒤에 'still running' 이라는 메시지가 있었지만, 비정상적으로 vim을 종료한 경우에는 그림 3.13처럼 pid 번호 뒤에 'still running' 메시지가 보이지 않게 됩니다. 또한 하단에 실행 가능한 명령에 D(delete)가 나타나게 됩니다.

따라서 이런 경우에는 복구 모드로 파일을 열면 스왑 파일에 저장된 파일 내

```
E325: ATTENTION
Found a swap file by the name ".helloworld.c.swp"
          owned by: linuxer    dated: Tue Nov  2 04:32:49 2010
         file name: ~linuxer/helloworld.c
          modified: no
         user name: linuxer    host name: dev.optimar.org
        process ID: 28779
While opening file "helloworld.c"
             dated: Sun Oct 31 04:10:33 2010

(1) Another program may be editing the same file.
    If this is the case, be careful not to end up with two
    different instances of the same file when making changes.
    Quit, or continue with caution.

(2) An edit session for this file crashed.
    If this is the case, use ":recover" or "vim -r helloworld.c"
    to recover the changes (see ":help recovery").
    If you did this already, delete the swap file ".helloworld.c.swp"
    to avoid this message.

Swap file ".helloworld.c.swp" already exists!
[O]pen Read-Only, (E)dit anyway, (R)ecover, (D)elete it, (Q)uit, (A)bort:
```

그림 3.13 Vim을 비정상적으로 종료하여 발생하는 안내 화면

용을 불러오게 됩니다. 그러면 사용자는 이전 원본 파일과 복구된 내용을 비교해서 저장 여부를 결정하면 됩니다.

    복구 후에도 원본 스왑 파일은 삭제되지 않으므로 그림 3.13 같은 안내 화면이 계속 나타날 수 있습니다. 그러므로 복구를 해서 스왑 파일이 필요 없는 경우라면 안내 화면에서 d를 눌러 스왑 파일을 삭제해주도록 합니다.

    Q나 A는 아무런 작업을 하지 않고 Vim을 종료하는 기능인데 A의 경우는 디버깅용 덤프 파일을 생성하는 점이 다릅니다. 디버깅용 덤프 파일은 디버거에서 사용하므로 일반 사용자들은 필요하지 않습니다.

4장

Getting Started with Vim

문자열 관련 기능

> 머리가 나쁘면 손발이 고생한다.
>
> - 중국 속담

이번 장에서는 문자열을 다루는 기능을 집중적으로 살펴보겠습니다. 문자열을 중간이나 오른쪽으로 정렬할 수 있는 문단 정렬 기능과 원하는 문자열을 검색하고 교체하는 명령을 배우게 될 것입니다.

    이런 명령을 다루는 이유는 단순하게 반복되는 작업을 빠르고 정확하게 하기 위함입니다. 특히 기본적인 검색에서 한 단계 더 나아가서 문자열 교체 방법을 다룰 텐데, 단순한 문자열 외에 특수 문자나 정규 표현식을 이용하는 방법까지 다루겠습니다. 하지만 정규 표현식을 모르는 분들에게는 복잡할 수 있으니 미리 정규 표현식을 익혀두기 바랍니다. 간단하게나마 부록에 정규 표현식을 실어두었으나 깊이 배우고 싶다면 정규 표현식 서적을 보는 것이 좋습니다.

표 4.1 4장에서 살펴볼 기능

살펴볼 기능	명령어
문자열 정렬	:center , :right
문자 검색	fc
문자열 검색	/문자열
단어 즉시 검색	* 혹은 ?
문자열 교체	:[range]s/찾을 문자열/교체할 문자열/옵션
특수 문자 입력	〈CTRL-V〉〈문자〉 혹은 〈CTRL-Q〉〈문자〉

4.1 문자열 정렬

Vim을 비롯한 모든 에디터는 기본으로 왼쪽 정렬을 사용합니다. 그러나 문서를 작성하다보면 가운데 정렬이나 오른쪽 정렬을 써야할 필요가 있습니다. 물론 대충 스페이스를 넣어가면서 정렬을 맞출 수도 있지만 좋은 방법은 아닙니다. 그래서 깔끔하게 명령어로 열의 크기를 계산해서 자동으로 정렬해주는 기능이 필요합니다. 다만 Vim은 문자열과 너비를 계산해서 스페이스를 넣어주는 형태로 정렬하므로, 행의 내용이 수정되면 다시 정렬해야 합니다.

가운데 정렬

그림 4.1은 커서를 1행에 두고 :center 명령을 실행해서 가운데 정렬을 한 결과로 'What is Vim?'이 중앙으로 이동했습니다. 하지만 간혹 정중앙이 아닌 약간 왼쪽이나 오른쪽으로 치우친 경우도 있을 것입니다. 이는 터미널의 너비(width) 값이 기본값인 80보다 크거나 작기 때문인데, 이를 해결하는 방법도 조금 뒤에 살펴보겠습니다.

```
            What Is Vim?
Vim is a highly configurable text editor built to enable efficient text editing.
It is an improved version of the vi editor distributed with most UNIX systems.

Vim is often called a "programmer's editor," and so useful for programming that
many consider it an entire IDE. It's not just for programmers, though. Vim is pe
rfect for all kinds of text editing, from composing email to editing configurati
on files.
:center                                                      1,11-35        Top
```

그림 4.1 1행에서 :center 실행 결과

오른쪽 정렬

이번엔 오른쪽 정렬을 살펴보겠습니다. 그림 4.2에서는 오른쪽 정렬이 잘 되었지만 너비가 80이 아닌 경우라면 행이 넘어가거나 오른쪽에 공백이 있을 수 있습니다.

```
                                                             What Is Vim?
Vim is a highly configurable text editor built to enable efficient text editing.
It is an improved version of the vi editor distributed with most UNIX systems.

Vim is often called a "programmer's editor," and so useful for programming that
many consider it an entire IDE. It's not just for programmers, though. Vim is pe
rfect for all kinds of text editing, from composing email to editing configurati
on files.
:right                                                       1,18-69        Top
```

그림 4.2 1행에서 :right 실행 결과

문자열 너비 설정

이제 너비를 설정하는 방법을 알아보겠습니다. 우선 현재 설정된 화면의 너비는 :set textwidth 혹은 약어 표현인 :set tw 명령으로 확인할 수 있습니다. 너비에 따라 정렬이 되게 하려면, 사용자가 원하는 tw 값을 설정하거나 center나 right 명령어에 인수를 지정해주면 됩니다. 예를 들어 현재 tw 값을 무시하고 50칸을 기준으로 중앙 정렬을 하고 싶다면 :center 50이라고 명령하면 됩니다.

마찬가지로 :right 50이라고 하면 50칸을 기준으로 오른쪽으로 정렬됩니다. 직접 연습해보기 바랍니다.

```
What Is Vim?
Vim is a highly configurable text editor built to enable efficient text editing.
 It is an improved version of the vi editor distributed with most UNIX systems.

Vim is often called a "programmer's editor," and so useful for programming that
many consider it an entire IDE. It's not just for programmers, though. Vim is pe
rfect for all kinds of text editing, from composing email to editing configurati
on files.
:center 50                                                       1,8-20       Top
```

그림 4.3 50칸을 기준으로 가운데 정렬

4.2 문자, 문자열 검색하기

Vim은 문자 하나부터 단어, 문자열, 각종 패턴까지 다양한 방식의 문자를 검색할 수 있습니다. 이러한 검색 기능은 크게 문자 검색하기와 문자열(혹은 패턴) 검색하기로 나눌 수 있습니다. 물론 문자열 검색하기로도 문자 하나를 검색할 수 있지만, 나중에 자동화(매크로) 기능 등을 사용할 때는 문자 검색하기 기능을 주로 쓰기 때문에 따로 알아두는 것이 좋습니다.

문자 검색하기

보통 문자 검색하기는 구분 문자(separator)를 찾아낸다든지 할 때 유용하게 사용됩니다. 예를 들어 앞서 작성한 clientlist.txt를 생각해 봅시다. 이 파일은 쉼표를 구분자로 사용하고 있는 CSV(Comma Separated Values) 형식이므로, 편집하거나 각 필드를 볼 때는 쉼표 단위로 이동하는 것이 편리합니다. 실습을 위해 clientlist.txt를 열고 f,라고 입력해 봅시다. 그리고 세미콜론(;)을 눌러봅니다. 이후 쉼표(,)를 눌러보면 작동되는 방식을 이해할 수 있을 겁니다.

f,에서 f는 다음에 나오는 문자를 탐색하라는 명령입니다. 앞에서는 f 다음에 쉼표를 입력했으므로 쉼표를 찾습니다. 세미콜론(;)은 '다음 검색' 명령이며, 쉼표(,)는 '이전 검색' 명령입니다. 주의할 점은 f의 검색 기능은 현재 행에서만 작동하므로 행의 끝까지 이동하면 다음 행으로는 이동하지 않는다는 점입니다.

문자 하나를 검색하는 관련 명령어를 정리하면 표 4.2와 같습니다. 참고로 fc

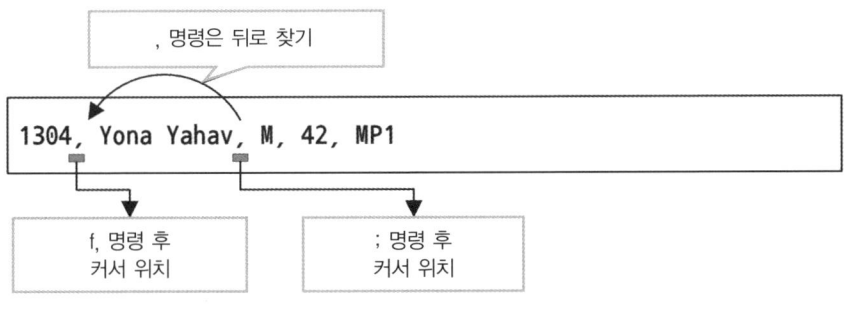

그림 4.4 **문자 검색하기(f 명령)**

표 4.2 문자 검색 기능

명령어(c는 사용자가 입력한 문자)	설명
fc	문자 c를 전방 검색합니다.
Fc	문자 c를 후방 검색합니다.
tc	문자 c를 전방 검색하여, 검색어의 한 칸 앞으로 이동합니다.
Tc	문자 c를 후방 검색하여, 검색어의 한 칸 뒤로 이동합니다.
;	가장 최근에 검색한 명령을 재검색합니다.
,	가장 최근에 검색한 명령을 반대 방향으로 재검색합니다.

라고 할 때 c는 여러분이 검색할 임의의 문자입니다. 정말로 fc라고 명령하면 c 라는 영어 소문자를 찾게 됩니다.

표 4.2에 등장하는 전방 검색이란 커서 위치 이후 방향으로 이동하면서 검색하는 방법입니다. 후방 검색은 이와 반대로 커서 앞 방향으로 이동하면서 검색합니다. 처음에 검색을 시작할 때 어떤 검색 방식을 사용했는지에 따라서 재검색 명령어의 방향도 달라집니다. 예를 들어 세미콜론(;)은, fc로 전방 검색한 상태에서는 전방 검색을 하지만, Fc로 후방 검색을 한 경우라면 후방 검색을 하게 됩니다.

문자열 검색

문자열 검색이란 하나 이상의 문자나 기호, 공백으로 이루어진 문장 혹은 패턴을 찾는 기능입니다. 그림 4.5처럼 일반 모드에서 /re라고 입력하면 문자열 re 를 검색합니다. 여기서 슬래시 문자(/)는 검색하는 기능을 호출하며, 명령행 모 드를 호출하는 콜론(:)처럼 커서가 하단으로 이동합니다.

```
The capacity to endure a more or less monotonous life is one
which should be acquired in childhood. Modern parents are
greatly to blame in this repect; they provide their children
with far too many passive amusements, such as shows and good
things to eat, and they do not realize the importance to
a child of having one day like another, except, of course,
for somewhat rare occasions. - Bertrand Russell
/re
```

그림 4.5 're' 문자열 검색

검색이 성공하면 검색된 위치로 커서가 이동하는 것은 물론이거니와, 검색 대상들을 눈에 잘 띄는 색으로 칠해주기 때문에 쉽게 찾을 수 있습니다. (색상 표시가 불가능한 터미널은 색을 칠해주지 않습니다.) 문서 내에 검색 결과가 여럿이라면 n과 N을 이용해서 이동할 수 있습니다.

또한, /를 누른 후 위, 아래 화살표나 j, k를 사용하면, 이전에 검색했던 문자 열도 불러올 수 있습니다.

표 4.3 검색 후 이동 명령어

명령어	설명
n	다음 검색 결과로 이동합니다.
N	반대 방향의 검색 결과로 이동합니다.

일반 문자열 외에 정규 표현식(REGEX)을 사용하면 더욱 폭넓은 검색이 가 능합니다. /[a-g]re라고 검색하면 a에서 g까지 영문자 하나로 시작하고 re로 끝 나는 문자열을 검색합니다. 이 결과로 그림 4.6처럼 'are', 'gre', 'dre' 등이 검 색되었습니다.

```
The capacity to endure a more or less monotonous life is one
which should be acquired in childhood. Modern parents are
greatly to blame in this repect; they provide their children
with far too many passive amusements, such as shows and good
things to eat, and they do not realize the importance to
a child of having one day like another, except, of course,
for somewhat rare occasions. - Bertrand Russell
/[a-g]re                                                        2,55         Top
```

그림 4.6 정규 표현식 패턴 검색

커서 위치의 단어 검색

커서가 위치한 특정 단어를 검색하는 경우에는 단어를 입력하는 대신 별표(*)를 누르면 됩니다. 그림 4.7은 'they' 위에 커서를 두고 별표(*)를 누른 경우입니다.

```
The capacity to endure a more or less monotonous life is one
which should be acquired in childhood. Modern parents are
greatly to blame in this repect; they provide their children
with far too many passive amusements, such as shows and good
things to eat, and they do not realize the importance to
a child of having one day like another, except, of course,
for somewhat rare occasions. - Bertrand Russell
/\<they\>                                                       5,20         Top
```

그림 4.7 커서 아래 단어 검색

하지만 별표로 검색하면 단어 단위로만 검색하게 됩니다. 따라서 앞뒤로 공백이 있거나 문장부호로 분리된 문자열만 검색됩니다. 화면 하단에 나타나는 검색어도 'they'를 의미하는 정규 표현식인 \<they\>로 바뀝니다.

Tip 검색 후 밝게 표시된 단어를 해제하고 싶을 때

Vim에서는 하이라이트 서치 기능(highlight search)을 통해 검색된 단어들을 하이라이트 상태로 표시해 주는데, 더 이상 검색하지 않는 경우에는 바로 이전에 검색된 단어들이 남아있어 눈에 거슬릴 수도 있습니다.

이러한 하이라이트를 없애는 방법은 두 가지입니다. 첫째, /qoiweufjok처럼 절대로 검색될 수 없는 문자열을 입력하는 것입니다. 이렇게 하면 당연히 검색이 실패하고 하이라이트 결과도 사라집니다. 다만 매우 긴 문서에서는 처

리 속도가 상당히 느릴 수 있습니다.

좀더 우아한 두 번째 방법은 :nohl입니다. 이 명령은 굳이 검색에 의해서가 아닌 하이라이트 부분까지도 모두 제거합니다.

마지막으로, 애초에 하이라이트로 검색어를 강조하는 기능 자체가 싫다면 :set nohls 옵션을 사용하여 하이라이트 서치 옵션을 끄면 됩니다.

4.3 문자열 교체하기

교체(substitution) 명령은 명령행 모드에서 사용합니다. 일단 코드 4.1의 내용을 John Patrick.txt 파일에 저장하고 일반 모드에서 :1,$s/man/boy/g라고 명령해 봅시다.

코드 4.1 **문자열 교체 연습에 쓰일 예문(John Patrick.txt)**
```
Pain makes man think.
Thought makes man wise.
Wisdom makes life endurable. - John Patrick
```

:1,$s/man/boy/g를 실행하면 코드 4.1의 모든 man이 boy로 교체될 것입니다. 이 명령어의 의미는 다음과 같습니다.

명령어의 맨 앞(1,$)은 교체 명령이 적용될 범위입니다. 문서 전체에 교체 명령을 적용할 때는 %나 1,$를 사용합니다. (2.6절에서 범위 지정 방법을 살펴보았습니다.) s는 교체 명령어입니다. s 다음에 나오는 문자 하나는 교체 명령어에서 사용할 구분자가 되는데, 일반적으로 슬래시(/)를 사용합니다. 하지만 다른 문자를 사용해도 상관없습니다. 예를 들어, 슬래시 대신에 쉼표를 구분자로 사용한다면 :1,$s,man,boy,g라고 적을 수 있습니다.

문자열 교체하기 옵션

명령어 맨 뒤(g)의 옵션에는 i나 c를 사용할 수도 있습니다. 각 옵션의 의미는 표 4.4와 같습니다.

표 4.4 교체 명령 옵션

옵션	설명
g	범위 내에 검색된 모든(global) 문자열을 교체합니다.
i	대소문자를 무시(ignore case)합니다.
c	문자열을 교체하기 전 교체 여부를 확인(confirm)합니다.
e	교체 과정 중 에러를 무시합니다. 에러 메시지도 표시하지 않습니다.

문자열 교체 전 확인하기

u를 눌러 앞서 행한 교체 작업을 취소합시다. 그러면 boy가 man으로 돌아올 겁니다. 이번에는 :%s/man/boy/c라고 명령해 봅니다. 옵션에 c가 들어가면 그림 4.8처럼 교체 여부를 물어봅니다.

```
Pain makes man think.
Thought makes man wise.
Wisdom makes life endurable. - John Patrick

replace with boy (y/n/a/q/l/^E/^Y)?               1,12        All
```

그림 4.8 문자열 교체 확인(confirm 옵션)

확인 옵션인 c가 지정되면 일곱 가지 확인 입력(y/n/a/q/l/^E/^Y)을 선택할 수 있습니다. 직관적으로 볼 때 y는 교체를 승낙(yes)하는 것이며, n은 거부

표 4.5 문자열 교체에서 확인 입력의 의미

확인 입력	설명
y	교체를 허용(yes)합니다.
n	교체를 거부(no)합니다.
a	앞으로 남은 모든(all) 교체를 실행합니다.
q	교체 작업을 끝냅니다(quit).
l	현재 행(line)의 교체 작업만 하고 교체 작업을 끝냅니다.
^E	아래로 한 행을 스크롤하여 보여줍니다.
^Y	위로 한 행을 스크롤하여 보여줍니다.

(no)합니다. 이들 확인 입력의 선택 사항을 표 4.5에 정리해두었습니다.

교체 문자열에 구분자가 포함된 경우

교체 명령어에서 구분자로 슬래시를 사용한다면, 교체할 문자열에 슬래시가 포함되었는지를 주의해야 합니다. 예를 들어 /home/sunyzero를 /user/sunyzero로 바꾸려고 다음과 같은 명령을 사용하면 구분자가 너무 많다는 에러가 발생합니다.

```
:%s//home/sunyzero//user/sunyzero/g
```

이는 /home/sunyzero나 /user/sunyzero에 포함된 슬래시를 모두 구분자로 판단했기 때문입니다. 이런 에러를 막으려면 교체 문자열에 포함된 슬래시를 이스케이프(escape)해야 합니다. 이스케이프란 명령행을 해석할 때 해당 문자를 제외(escape)한다는 의미이며, 해당 문자 앞에 역슬래시(\)를 붙이면 됩니다. 예를 들어 /home/sunyzero에서 슬래시를 이스케이프하는 경우에는 \/home\/sunyzero가 됩니다.

그러나 이스케이프 횟수가 많아지면 가독성이 나빠지기 때문에, 차라리 구분자를 다른 문자로 바꾸기를 추천합니다. 가독성 차이를 보이기 위해 이스케이프한 명령과 구분자를 다른 문자(여기서는 쉼표로 교체)로 바꾼 명령을 비교해보겠습니다. 두 명령의 결과는 동일합니다.

```
:%s/\/home\/sunyzero\/user\/sunyzero/g
:%s,/home/sunyzero,/user/sunyzero,g
```

4.4 특수 문자 교체하기

특수 문자란 시각적으로 출력 가능한 일반 문자나 숫자, 기호를 제외한 나머지 문자로서 탭과 개행 문자(엔터 역할)가 대표적입니다. 이런 특수 문자들은 입력하는 방법이나 찾는 방법이 일반 문자와 다르기 때문에, 이번에는 특수 문자인 개행 문자를 교체하는 방법을 살펴보겠습니다.

운영체제에 따른 텍스트 파일 저장 방식

먼저, 사용하는 운영체제에 따라 개행 문자의 저장 방식이 달라지므로, 각 차이점을 알아두어야 합니다. 현재 사용되는 텍스트 파일은 개행 문자를 표현하는 방식에 따라서 도스(Dos) 형식, 유닉스(Unix) 형식, 구형 매킨토시 형식이 있습니다. 리눅스는 당연히 유닉스 계열을 따르며, 맥 OS X도 BSD 유닉스 계열이므로 유닉스 형식을 사용합니다. 각 형식에서 개행 문자를 표현하는 방식은 표 4.6과 같습니다.

표 4.6 도스, 유닉스, 구형 매킨토시의 개행 문자 표현 방식

형식	개행 문자 표현 방식
도스	CR+LF
유닉스 (맥 OS X 포함)	LF
구형 매킨토시 (OS 9 이하)	CR

Note CR(Carriage Return) : ASCII의 13번 코드이며 커서를 행의 시작 부분으로 보냅니다.

LF(Line Feed) : ASCII의 10번 코드이며 커서를 다음 행으로 내립니다.

윈도는 도스에서 발전했기 때문에 도스 형식을 사용합니다. 따라서 엔터를 칠 때마다 CR과 LF 문자가 입력됩니다. 유닉스 형식에서는 엔터를 칠 때 LF 하나만 입력됩니다. 이런 차이 때문에 도스에서 만든 텍스트 파일을 유닉스에서 열면 각 행의 끝에 CR 문자가 하나씩 더 보이고, 반대로 유닉스에서 작성된 텍스트 파일을 윈도에서 열면 개행 문자를 찾을 수 없으므로 모든 행이 한 줄로 길게 붙어서 보입니다.

이러한 형식 차이 때문에 서로 다른 운영체제끼리 텍스트 파일을 주고받으려면 변환 작업을 거쳐야 합니다. 즉 '도스 → 유닉스'로 변환할 때는 CR+LF 문자를 찾아서 CR 문자를 빼주고, '유닉스 → 도스'로 변환할 때는 LF 문자를

찾아서 앞에 CR 문자를 더해주어야 합니다.

그런데 Vim은 편집할 파일을 텍스트 파일로 간주하기 때문에 〈CR〉 같은 특수 문자는 화면에 표시하지 않습니다. 그러나 변환 작업에서는 〈CR〉 문자를 보고 지워야 하기 때문에 특수 문자도 표시해주는 바이너리 모드에서 작업해야 합니다.

바이너리 모드

Vim에서 바이너리 모드로 파일을 여는 방법은 두 가지입니다. 첫째는 Vim 시작시 -b 옵션을 추가하여 'vim -b 파일명'으로 명령하면 됩니다. 그러나 윈도용 Vim은 이 방법을 쓰기가 번거롭습니다. 두 번째 방법은, Vim을 실행한 후 바이너리 모드를 켜고 파일을 여는 것입니다.

1. 윈도용 gvim 실행(이 단계에서는 텍스트 모드로 작동합니다.)
2. :set binary 명령으로 바이너리 모드 옵션을 켠다.
3. 파일 열기를 실행해서 파일을 읽어 들인다.

이제 실습을 위해 바로 앞에서 작성했던 John Patick.txt 파일을 사용해 보겠습니다. John Patick.txt 파일을 열고 바이너리 모드로 전환하면, 그림 4.9와 같이 각 행의 마지막에 ^M이라고 표시된 〈CR〉 문자가 보이기 시작합니다.

도스 형식 파일을 유닉스 형식 파일로 변환하기

그림 4.9에 나타난 〈CR〉 문자(^M)를 제거하면 유닉스 텍스트 형식이 됩니다. 예제 파일은 짧으니까 수동으로 일일이 〈CR〉 문자를 삭제해도 되겠지만, 앞에서 배운 교체 명령어를 사용하는 것이 더 정확하고 빠를 것입니다.

교체 명령어에서 찾을 문자열은 ^M으로 지정하고, 바꿀 문자열에는 아무것도 지정하지 않습니다. 즉 :%s/^M//g라고 명령하면 됩니다. 그런데 주의할 점이 있습니다. 화면에 보이는 ^M 문자는 특수 문자이기 때문에 ^과 M을 각각

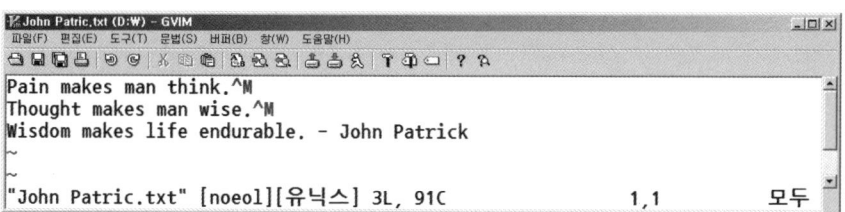

그림 4.9 윈도우용 Vim에서 바이너리 모드로 전환

입력하지 않고, 〈CTRL-V〉〈CTRL-M〉을 눌러서 입력해야 합니다.

만일 이 방식이 마음에 들지 않으면 ^M 대신 \r을 사용하여 :%s/\r//g라고 명령해도 됩니다.

또한 윈도우용 Vim에서는 〈CTRL-V〉가 붙여넣기 기능으로 사용되므로, 이런 문제를 피하기 위해 〈CTRL-V〉 대신 〈CTRL-Q〉를 사용해도 됩니다. (2.6절에서 비주얼 모드를 사용할 때도 같은 설명을 했습니다.)

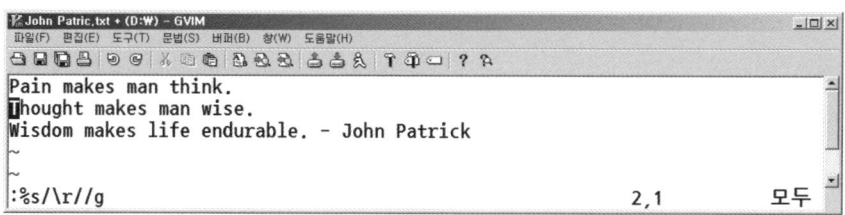

그림 4.10 〈CR〉을 삭제하는 명령 실행 후 결과

〈CR〉을 삭제했으면 파일을 저장하고 Vim을 종료한 뒤에 메모장으로 다시 열어봅니다. 유닉스 형식 텍스트로 변환이 잘 되었다면 메모장에서는 그림 4.11와 같이 모든 행이 한 줄로 붙어서 나올 것입니다. 이는 메모장이 유닉스 텍스트 형식을 인식할 수 없기 때문에 일어나는 결과입니다.

메모장은 유닉스 텍스트 파일을 인식하지 못하지만 Vim은 자동으로 인식합니다. 따라서 그림 4.11과 같은 문제가 전혀 발생하지 않습니다. 참 똑똑한 Vim이죠?

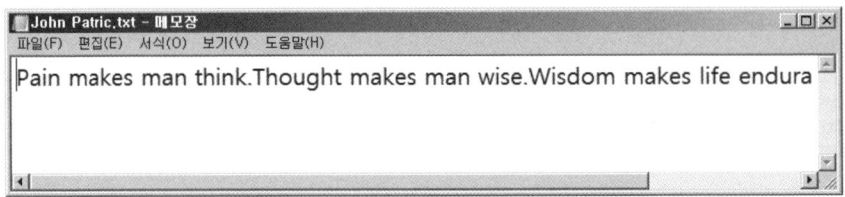

그림 4.11 메모장에서 유닉스 텍스트 파일을 열었을 때

유닉스 형식 파일을 도스 형식 파일로 변환하기

이번에는 유닉스에서 작성한 텍스트를 도스 형식으로 변환하는 과정을 살펴보겠습니다. 이번에는 리눅스용 Vim에서 작업한다고 전제하겠습니다. 유닉스 형식에서 작성된 텍스트를 도스 형식으로 변환하기 위해서는 행 끝에 〈CR〉 문자를 추가해야 하며, 이 작업은 굳이 바이너리 모드에서 할 필요가 없습니다.

유닉스 형식의 텍스트 파일을 연 다음 :%s/$/\^M/g라고 명령합니다. 찾을 문자열은 행의 끝을 의미하는 $이고, 교체할 문자열은 〈CR〉 문자를 의미하는 ^M을 이스케이프하여 역슬래시를 앞에 붙였습니다. 앞에서도 언급했듯이 ^M은 〈CTRL-V〉〈CTRL-M〉으로 입력해야 합니다. (〈CTRL-Q〉〈CTRL-M〉으로 입력해도 됩니다.) 명령이 성공하면 각 행의 끝에 ^M이 추가됩니다.

```
Pain makes man think.
Thought makes man wise.
Wisdom makes life endurable. - John Patrick
~
:%s/$/\^M/g
```

그림 4.12 유닉스 형식을 도스 형식으로 변환하는 명령

이후 Vim으로 다시 열어보면 그림 4.13처럼 하단 상태바에 도스 형식을 의미하는 '[dos]'가 표시됩니다.

```
Pain makes man think.
Thought makes man wise.
Wisdom makes life endurable. - John Patrick
~
"patric.txt" [dos] 3L, 93C                           3,1        All
```

그림 4.13 리눅스 Vim에서 도스 형식 텍스트 파일을 열은 경우

텍스트 형식 변환 옵션

그런데 사실, 여기서 보여드린 도스 형식과 유닉스 형식의 텍스트를 변환하는 작업은 연습을 위해서 억지로 만든 예제입니다. 실제로 '유닉스 → 도스'로 변환할 때는 더 간단한 방법이 존재합니다. 바로 fileformat 옵션을 설정하는 방법입니다. 예를 들어 :set fileformat=dos라고 설정하고 저장하면 해당 파일이 도스 형식으로 저장됩니다. dos 외에 unix, mac 등을 지정할 수 있습니다. fileformat은 ff로 줄여서 쓸 수도 있습니다.

특수 문자 입력 방법

특수 문자를 교체하기 위해서는 특수 문자를 입력하는 방법을 알아두어야 합니다. 특수 문자는 자판에 없으므로, 일반적으로 사용하는 윈도에서는 문자표를 이용해서 특수 문자를 입력합니다. 한편 Vim에서는 ASCII 코드 번호로 입력합니다. 이를 위해서 〈CTRL-V〉(혹은 〈CTRL-Q〉)를 누르고 ASCII 코드 번호를 입력하면 코드 번호에 해당하는 특수 문자가 입력됩니다. 이때 ASCII 코드 값은 표 4.7과 같이 10진수, 8진수, 16진수로 입력할 수 있습니다. 단, ASCII 코드로 개행 문자에 해당하는 0x0a는 입력할 수 없습니다.

표 4.7 ASCII 코드 입력 방법

입력 방법	설명
〈CTRL-V〉 ###	#에는 10진수 ASCII 코드를 입력합니다.
〈CTRL-V〉 o###	#에는 8진수 ASCII 코드를 입력합니다. (맨 앞은 영문자 o)
〈CTRL-V〉 x##	#에는 16진수 ASCII 코드를 입력합니다.

〈CTRL-V〉 대신 〈CTRL-Q〉를 사용해도 됩니다.

반대로 현재 커서가 위치한 문자의 ASCII 코드 값을 알아내는 명령은 :ascii입니다. 간결함을 좋아하는 개발자라면 :as로 줄여 써도 됩니다. 이 명령을 한글과 같은 멀티바이트 문자 위에서 실행하면, ASCII 코드 값 대신 2바이트로 변환된 정수를 보여줍니다.

Note 리눅스라면 셸에서 'man ascii' 명령어를 사용해 전체 ASCII 코드 값을 볼 수 있습니다.

Tip **숫자 인식하여 증감시키기**

일반 모드에서 커서가 위치한 문자열이 숫자인 경우 이를 증감할 수 있습니다. 예를 들어 문자 '1' 위에서 〈CTRL-A〉를 누르면 즉시 '2'로 변합니다. 만일 '100'이라면 '101'로 변하죠. 반대로 〈CTRL-X〉는 숫자의 값을 감소시킵니다. 이 기능은 음수도 다룰 수 있으며, 16진수나 8진수도 인식합니다. 예를 들어 '0x09'에서 〈CTRL-A〉를 누르면 '0x0a'로 증가합니다. 또한 8진수인 '010'에서 〈CTRL-X〉를 누르면 '07'로 감소합니다.

그런데 윈도용 Vim에서는 〈CTRL-A〉가 전체 문서를 선택하는 윈도 단축키로 사용되기 때문에 이 기능을 사용하려면 먼저, 단축키를 해제를 해야 합니다. 다음 명령을 설정 파일에 넣어두면 편리합니다.

:nunmap 〈C-A〉

이 기능은 뒤에서 나올 매크로나 녹화 기능과 결합하여 더 강력하게 쓰일 수 있습니다. 예를 들어 어떤 위치의 숫자를 일괄적으로 1씩 증가시킬 수 있습니다. nunmap 명령은 7장의 단축키 기능 설명에서 다룰 테니 자세한 내용은 해당 부분을 참고하기 바랍니다.

4.5 정규 표현식으로 교체하기

이번에는 정규 표현식을 이용하여 문자열을 교체하는 방법을 다룰 텐데, 4장을 시작할 때 언급했듯이 정규 표현식에 대한 이해가 없다면 내용을 이해할 수 없습니다. 따라서 부록의 정규 표현식 설명이나 정규 표현식 책을 먼저 보시길 권하며, 어렵게 느껴진다면 건너뛰어도 좋습니다.

정규 표현식은 다양한 패턴의 문자열을 교체할 수 있습니다. 설명을 위해 그림 4.14와 같은 파일을 HTML 형태로 교체한다고 가정하겠습니다. 첫 번째로 각 행의 끝에 개행 문자 역할을 하는 〈BR〉 태그를 추가해보고, 두 번째로 메일 주소나 웹 URL 주소를 앵커 태그인 〈A〉〈/A〉로 감싸 하이퍼링크로 만들겠습니다.

```
            Enabling High Performance Data Transfers
This material is currently under active revision.
Please send any suggestions, additions or corrections to us
at nettune@psc.edu so we can keep the information here as
up-to-date as possible.

URL : http://www.psc.edu/networking/projects/tcptune/
~
                                                    8,53         All
```

그림 4.14 정규 표현식 교체를 연습할 내용

각 행 끝에 〈BR〉 태그 추가하기

첫 번째 작업은 아주 간단합니다. :%s/$/〈BR〉/g 명령을 보면 찾으려는 문자열에 정규 표현식 $가 있으므로 행의 끝을 찾으라는 의미이며, 교체할 문자열은 〈BR〉이므로 행의 끝 부분에 〈BR〉이 추가됩니다.

```
            Enabling High Performance Data Transfers 〈BR〉
 〈BR〉
This material is currently under active revision.  〈BR〉
Please send any suggestions, additions or corrections to us   〈BR〉
at nettune@psc.edu so we can keep the information here as   〈BR〉
up-to-date as possible. 〈BR〉
 〈BR〉
URL : http://www.psc.edu/networking/projects/tcptune/ 〈BR〉
~
8 substitutions on 8 lines                          8,1          All
```

그림 4.15 〈BR〉 태그 추가 명령 후 모습

메일 주소와 URL을 앵커 태그로 감싸기

이제 두 번째로 메일 주소와 URL을 앵커 태그로 감싸는 작업을 해보겠습니다. 본문에는 메일 주소와 URL이 하나씩 있는데 이 중에서 메일 주소부터 변환해 보겠습니다.

HTML 형식에서 메일 주소는 〈a href="mailto:..."〉〈/a〉로 둘러싸야 합니다. 즉 그림 4.16처럼 변환되어야 합니다.

```
                    nettune@psc.edu
                           ↓
<a href="mailto:nettune@psc.edu">nettune@psc.edu</a>
```

그림 4.16 메일 주소에 앵커 태그 적용하기

이를 위해 우선 메일 주소를 찾는 정규 표현식이 필요합니다. 간단하게 메일 주소의 특징을 생각해보면 @ 문자를 중심으로 좌측에는 ID가, 우측에는 네트워크 도메인 주소가 있습니다. ID와 네트워크 도메인 주소는 영문자, 숫자, 마침표, 대시(-)로 구성됩니다. 그러면 이들 패턴을 나열해 봅시다.

- 영문자 : [a-zA-Z]
- 숫자 : [0-9]
- 마침표, 대시 : [.\-]

정규 표현식에서 대시는 범위를 나타내는 문자로도 사용되므로, 하이픈 자체를 가리킬 때는 역슬래시로 이스케이프했습니다. 그러나 마침표는 대괄호 안에서 메타 문자의 의미를 잃기 때문에 이스케이프할 필요가 없습니다. 이제 앞의 세 패턴을 합치고 반복 메타 문자인 +를 붙여서, 정규 표현식을 [a-zA-Z0-9.\-]\+로 표현할 수 있습니다. 여기서 +도 이스케이프했다는 사실에 주의하기 바랍니다. 이는 Vim에서 + 기호를 특수한 목적으로 사용하기 때문입니다. 이렇게 완성시킨 ID와 네트워크 도메인 주소의 중간에 @ 기호를 넣어서 패턴을 완성시키면 [a-zA-Z0-9.\-]\+@[a-zA-Z0-9.\-]\+가 됩니다.

이제 정규 표현식이 제대로 작동하는지 확인해 봅시다. 슬래시(/)를 눌러 검색 기능을 호출한 뒤 패턴을 입력합니다. 만일 정상적으로 작동한다면 그림 4.17처럼 메일 주소가 표시될 것입니다.

```
         Enabling High Performance Data Transfers <BR>
  <BR>
This material is currently under active revision.  <BR>
Please send any suggestions, additions or corrections to us  <BR>
at nettune@psc.edu so we can keep the information here as  <BR>
up-to-date as possible. <BR>
  <BR>
URL : http://www.psc.edu/networking/projects/tcptune/ <BR>
~
/[a-zA-Z0-9.\-]\+@[a-zA-Z0-9.\-]\+
```

그림 4.17 메일 주소를 정규 표현식으로 검색한 모습

그러면 이번에는 검색한 메일 주소를 〈a href="메일주소"〉메일주소〈/a〉 형식으로 변경합시다. 이때 검색된 메일 주소 부분을 재사용하기 위해 정규 표현식의 백레퍼런스 기능인 소괄호를 사용해야 합니다.

소괄호를 추가한 ([a-zA-Z0-9.\-]\+@[a-zA-Z0-9.\-]\+) 검색어로 다시 검색해 봅시다. (완벽한 정규 표현식을 만들 때까지는 검색 기능으로 꼭 확인을 해야 합니다.)

```
  <BR>
This material is currently under active revision.  <BR>
Please send any suggestions, additions or corrections to us  <BR>
at nettune@psc.edu so we can keep the information here as  <BR>
up-to-date as possible. <BR>
  <BR>
URL : http://www.psc.edu/networking/projects/tcptune/ <BR>
~
E486: Pattern not found: ([a-zA-Z0-9.\-]\+@[a-zA-Z0-9.\-]\+)
Press ENTER or type command to continue
```

그림 4.18 괄호를 추가한 뒤 실패하는 정규 표현식 패턴

하지만 정규 표현식 패턴을 소괄호로 묶으니 검색이 실패했습니다. 에러 메시지는 Pattern not found이군요. 실패한 이유는 패턴 앞뒤에 사용된 괄호 문자를 일반 문자로 인식했기 때문입니다. 즉 Vim은 '(메일주소)' 형태를 찾으려고 한 것이지요. 그러므로 소괄호를 이스케이프하여 \(메일주소\)형식으로 바꿔 줘야 합니다.

```
        Enabling High Performance Data Transfers <BR>
   <BR>
This material is currently under active revision. <BR>
Please send any suggestions, additions or corrections to us  <BR>
at nettune@psc.edu so we can keep the information here as  <BR>
up-to-date as possible. <BR>
   <BR>
URL : http://www.psc.edu/networking/projects/tcptune/ <BR>
~
/\([a-zA-Z0-9.\-]\+@[a-zA-Z0-9.\-]\+\)
```

그림 4.19 **완성된 정규 표현식**

그러면 지금까지 시도했던 표현식을 순서대로 다음과 같이 정리해 보겠습니다. 이렇게 정리하는 이유는, 정규 표현식을 만들 때는 작은 부분부터 차례대로 검색해 가면서 잘못된 점을 잡아내는 연습이 유용하기 때문입니다.

1. [a-zA-Z0-9.-]\+@ : @의 앞부분은 메일 계정명
2. [a-zA-Z0-9.-]\+@[a-zA-Z0-9.-]\+ : @의 뒷부분은 도메인 이름
3. ([a-zA-Z0-9.-]\+@[a-zA-Z0-9.-]\+) : 실패함, 소괄호가 일반 문자로 인식됨
4. \([a-zA-Z0-9.-]\+@[a-zA-Z0-9.-]\+\) : 소괄호를 이스케이프하여 성공

이제 정규 표현식을 완성했으니 이를 바탕으로 교체 명령어를 만들어야 합니다. 정규 표현식을 사용한 교체 명령어는 다음과 같습니다.

```
:%s/\([a-zA-Z0-9.-]\+@[a-zA-Z0-9.-]\+\)/<a href="mailto:\1">\1<\/a>/g
```

명령어의 두 부분을 표시해 두었는데 앞부분은 검색할 부분에 해당하는 정

```
        Enabling High Performance Data Transfers <BR>
   <BR>
This material is currently under active revision. <BR>
Please send any suggestions, additions or corrections to us  <BR>
at nettune@psc.edu so we can keep the information here as  <BR>
up-to-date as possible. <BR>
   <BR>
URL : http://www.psc.edu/networking/projects/tcptune/ <BR>
~
:%s/\([a-zA-Z0-9.-]\+@[a-zA-Z0-9.-]\+\)/<a href="mailto:\1">\1<\/a>/g
```

그림 4.20 **정규 표현식을 사용한 교체 명령어 완성**

규 표현식이며, 뒷부분은 교체하려는 부분에 해당하는 정규 표현식입니다. 뒷부분에서 \1은 앞부분에서 찾은 검색 결과를 재사용하는 백레퍼런스입니다.

정규 표현식이 들어갔기 때문에 교체 명령어가 복잡해 보입니다. 교체 명령어가 실행된 결과는 그림 4.21과 같습니다.

```
     Enabling High Performance Data Transfers <BR>
  <BR>
This material is currently under active revision.  <BR>
Please send any suggestions, additions or corrections to us  <BR>
at <a href="mailto:nettune@psc.edu">nettune@psc.edu</a> so we can keep the inf
ormation here as  <BR>
up-to-date as possible. <BR>
<BR>
URL : http://www.psc.edu/networking/projects/tcptune/ <BR>
                                               5,1         All
```

그림 4.21 교체 명령어 실행 후

이제 마지막으로 http:로 시작하는 URL을 〈a href="URL"〉URL〈/a〉로 교체하는 작업이 남았습니다. 이 부분은 메일 주소의 경우와 크게 다르지 않으니 연습 삼아 풀어보기 바랍니다. 제가 작성한 답안은 부록에 있으나, 부록의 답안과 다르더라도 결과만 동일하다면 정답입니다.

연습문제 4.1

그림 4.22는 URL을 HTML 앵커 태그로 변환한 결과입니다. 이렇게 변환하기 위해서는 교체 명령어에 어떤 정규 표현식 패턴을 넣어야 할까요?

```
     Enabling High Performance Data Transfers <BR>
  <BR>
This material is currently under active revision.  <BR>
Please send any suggestions, additions or corrections to us  <BR>
at <a href="mailto:nettune@psc.edu">nettune@psc.edu</a> so we can keep the inf
ormation here
up-to-date as     정확한 패턴을 입력하면 이렇게 바뀝니다!
<BR>
URL : <a href="http://www.psc.edu/networking/projects/tcptune/">http://www.psc
.edu/networking/projects/tcptune/</a> <BR>
~
:%s/    찾을 정규표현식 패턴    /   교체될 정규표현식 패턴   /g
```

그림 4.22 URL 패턴을 찾아서 교체하는 모습

힌트를 드리자면, 앞에서 메일 주소를 찾을 때와 마찬가지로 URL 주소를 찾는 정규 표현식 패턴을 만드는 것이 첫 번째 할 일입니다. 다음으로, 검색 결과를 백레퍼런스로 사용해야 하니 소괄호로 묶어야겠지요? 마지막으로, 교체된 정규 표현식 패턴에 \1을 사용해서 완성하면 됩니다. 모든 과정은 앞에서 메일 주소를 교체했던 예제와 비슷합니다.

5장

Getting Started with **Vim**

파일 관련 기능

> 절반은 전체보다 낫다.
>
> — 헤시오도스

이번 장에서는 파일에 관련된 기능을 중점으로 다루겠습니다. 여러 파일을 동시에 열기, 새로운 이름으로 저장하기 같은 기본 기능 외에, 탐색기처럼 디렉터리를 보면서 파일을 선택할 수 있는 netrw 플러그인 기능도 살펴볼 것입니다. 이어서 여러 파일을 분할 창이나 탭으로 열 수 있는 방법을 살펴보겠습니다. 마지막으로는 유니코드를 사용하는 빈도가 높아지는 요즘 꼭 알아두어야 하는 문자 세트를 정하는 기능도 살펴보겠습니다.

표 5.1 5장에서 살펴볼 기능

살펴볼 기능	명령어
파일 열기	:edit
파일 저장하기	:write , :save , :update
창 분할	:sp , :vs , ⟨CTRL-W⟩⟨화살표 키⟩ 혹은 ⟨CTRL-W⟩⟨h ¦ j ¦ k ¦ l⟩
탭 페이지	:tabedit , :tabnew , :tabclose , :tabnext , :tabprevious
탐색 기능	:edit .

표 5.1 5장에서 살펴볼 기능(계속)

살펴볼 기능	명령어
파일명 인식	gf
파일 목록	:files 혹은 :ls
인코딩 형식	:set fencs=...

5.1 파일 열기

a.txt 파일의 10~20행을 복사하여 b.txt의 50행에 끼워 넣으려고 합니다. 어떻게 해야 할까요?

1. vim a.txt 명령으로 a.txt 파일을 연다.
2. :10,20y 명령으로 10~20행을 복사한 뒤 Vim을 종료한다.
3. vim b.txt 명령으로 b.txt 파일을 연다.
4. :50pu 명령으로 b.txt의 50행에 텍스트를 붙여 넣는다.

이 과정이 별로 어렵지는 않지만, 문제는 Vim을 종료했다가 다시 열었을 때 복사에 사용된 임시 버퍼인 레지스터의 내용이 유지되는지 알 수가 없습니다. 결론부터 이야기하자면 레지스터의 내용은 보존될 수도 있고 아닐 수도 있습니다. 이 책에서 다루는 Vim 7.x 버전은 .viminfo 파일에 레지스터를 기록해두기 때문에 문제가 없지만, 이전 버전의 Vim은 레지스터를 보존하지 않는 경우도 있으므로 문제가 있습니다. 따라서 Vim을 종료하지 않고도 새로운 파일을 열어 작업하는 방법을 알아두는 것이 좋습니다.

Note 유닉스, 리눅스, 맥 OS X은 홈 디렉터리의 .viminfo를 사용하고, 윈도에서는 홈 디렉터리의 _viminfo 파일을 사용합니다.

Vim 실행 중 다른 파일 열기

Vim에서 다른 파일을 여는 명령어는 :edit file이며, 이 기능을 사용하여 앞의 과정을 다음처럼 바꿀 수 있습니다.

2. :10,20y 명령으로 10~20행을 복사한다. (종료는 하지 않는다.)
3. :edit b.txt 명령으로 b.txt 파일을 연다.

여기서, b.txt 파일을 열기 전 a.txt 파일을 수정해놓고 저장하지 않았다면 그림 5.1과 같이 에러가 발생하니 주의하기 바랍니다. 그리고 :edit b.txt 명령은 :e b.txt로 축약할 수 있습니다.

```
       step = 1.0/(double) LOOP_ITERATION;
       for (i=0; i<LOOP_ITER          변경된 내용을 저장하지 않으면 다른 파일을 열 수 없음.
           x = (i+0.5) * st           편집된 내용을 버리면서 파일을 열려면 ":e! 파일"로 명령 내림.
           sum += 4.0/(1.0
       }
       printf("PI = %.8f (sum = %.8f)\n", step*sum, sum);
E37: No write since last change (add ! to override)     24,2-5        90%
```

그림 5.1 **변경된 내용을 저장하지 않았을 때 에러 메시지**

열었던 파일 다시 열기

여기까지 작업했다면 현재 b.txt를 편집하고 있을텐데 여기서 〈CTRL-^〉를 눌러봅니다. 그러면 다시 이전 파일(a.txt)이 열립니다. 계속 〈CTRL-^〉를 누르면 a.txt 파일과 b.txt 파일 사이를 오갈 수 있습니다. 이렇게 한번 열었던 파일을 다시 열 수 있는 이유는, Vim이 최근에 연 파일 목록을 기억하고 있기 때문입니다. 이 파일 목록을 관리하고 검색하는 기능은 조금 복잡하기 때문에 이번 장의 마지막 부분에서 다루겠습니다.

> **caution** 〈CTRL-^〉는 〈CTRL〉과 숫자 6 키를 누른다는 뜻입니다. 원래 〈CTRL〉 키와 조합된 문자를 표기할 때는 대문자를 사용하기 때문에 6 대신 ^로 표기했습니다.

한꺼번에 여러 파일 열기

그러면 이번에는 한꺼번에 여러 파일을 열어 보겠습니다. 'vim clientlist.txt hello.c pibo.c' 라고 명령하면 clientlist.txt가 열린 상태로 Vim이 시작하지만, 내부적으로는 세 파일이 목록에 등록됩니다. 이 상태에서 :n이나 :N 명령을 사용하면 파일 사이를 전환할 수 있습니다. 반복 횟수를 지정하여 :2n이라고 하면 두 번째 뒤의 파일로 이동합니다.

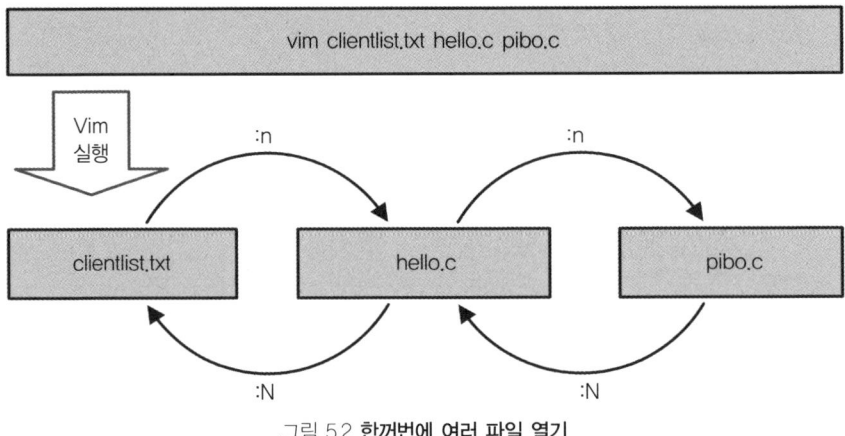

그림 5.2 한꺼번에 여러 파일 열기

파일 사이를 이동할 때도, 실제로는 현재 파일을 닫고 다음 파일을 여는 순서로 진행되므로 변경된 내용을 저장하지 않으면 역시 에러가 발생합니다. 만

표 5.2 파일 버퍼 관련 명령어

명령어	설명
:e[dit] 파일명	파일을 편집용으로 엽니다. 파일명을 모르는 경우 〈Tab〉을 누르면 현재 디렉터리의 파일을 하나씩 보여줍니다.
CTRL-^ :e #	이전 파일을 엽니다.
:[#]n	여러 파일이 열려 있을 때, 다음 파일로 이동합니다. #에 숫자를 넣으면 해당 숫자만큼 반복합니다.
:[#]N	:n의 반대 방향으로 이동합니다.

일 변경된 내용을 버리고 강제로 다른 파일을 열려면 느낌표(!) 기호를 넣어 :n! 이나 :N!으로 명령하면 됩니다. 지금까지의 명령어를 표 5.2에 정리해 보았습니다.

여러 파일 닫기

여러 파일이 열려 있을 때 :q로 종료하려고 하면 다른 파일이 있기 때문에 종료되지 않는 경우가 있습니다. 이를 무시하고 종료하려면 :q!나 모든 윈도우를 닫는 :qa 명령을 사용하면 됩니다.

> **Tip** 표준 입력을 통해서 읽어오기
>
> 유닉스, 리눅스, 맥 OS X에서는 다른 프로세스에서 출력된 결과를, 표준 입력을 통해 Vim에서 읽어 올 수 있습니다. 예를 들어 ps -ef 명령의 결과를 Vim으로 가져오고 싶다면 셸에서 'ps -ef | vim -' 명령을 실행합니다. 이때 '-'는 표준 입력을 의미합니다. 이 기능은 명령의 결과가 길거나, 실행 결과를 편집해야 할 때 유용합니다.

5.2 다양한 파일 저장법

파일을 저장하는 명령에는 :w 외에도 다른 이름으로 저장하거나 변경점이 있는지 확인해서 저장하는 명령도 있습니다. 파일을 저장하는 다양한 명령어는 표 5.3과 같습니다.

표 5.3 파일을 저장하는 다양한 명령어

명령어	설명
:w filename	파일을 저장(write)합니다.
:sav filename	현재 파일을 다른 이름으로 저장(save as)합니다.
:up	변경 사항(update)이 있는 경우에만 저장합니다.
:x	Vim을 종료하면서 변경 사항이 있는 경우에는 저장합니다. (일반 모드에서는 ZZ)

파일 저장하기

:w filename은 현재 문서를 filename으로 저장하는 명령입니다. 하지만 사본을 만든 뒤에도 현재 편집 중인 파일은 바뀌지 않습니다. 즉, vim hello.c로 파일을 편집하다가 :w newhello.c라고 명령했다면, 사본인 newhello.c 파일이 만들어 지지만 현재 파일은 여전히 hello.c라는 말입니다.

반면, 새로운 파일로 저장하면서 편집 중인 파일도 바꾸는 명령은 :sav[!] {file} 입니다. 앞에서와 같은 경우, :sav newhello.c라고 명령하면, newhello.c 파일이 생성된 후 hello.c 파일을 닫고 newhello.c 파일을 열어 줍니다. 여기서 :sav는 약어이고 원래 명령어는 :saveas입니다.

변경 사항이 있을 때만 파일 저장하기

:up 명령은 변경 사항이 있는 경우에만 저장하고 변경 사항이 없을 때는 아무 일도 하지 않습니다. 이에 비해 :w 명령은 무조건 저장하므로 변경 사항이 없을 때도 디스크 입출력이 발생하는데, 여러 사용자가 공동으로 사용하는 서버에서는 이러한 디스크 입출력은 부담이 됩니다. 따라서 :up 명령을 권장합니다.

:x 명령은 :up과 :q 명령을 결합한 형태로서 :wq 대신 사용할 수 있습니다. 대다수의 사용자들이 :wq로 Vim을 종료하는데, 앞서 언급했듯이 :w 명령은 무조건 저장하여 디스크 입출력을 발생시킨다는 단점이 있습니다. 따라서 :up 명령과 :q 명령을 순서대로 명령하는 편이 좋은데, 두 번에 나눠 명령하므로 귀찮은 점이 있습니다. 그래서 두 명령을 하나로 결합한 :x가 탄생했습니다. 또한 :x 명령을 일반 모드에서 가능하도록 하는 ZZ도 있습니다. 이제부터는 :wq 대신 :x나 ZZ의 사용을 권장합니다.

5.3 창 분할

편집을 하다보면 여러 파일을 열어놓고 작업하는 경우가 있습니다. 예를 들어 프로그래밍을 한다면 소스 파일과 헤더 파일을 여러 개 열어두고 작업을 하겠지요. 이때 여러 파일을 동시에 여는 가장 좋은 방법은 터미널을 여러 개 실행해서 각각 Vim을 실행하는 것입니다. 하지만 모니터가 작거나 회사 내 네트워크 보안 설정 때문에 터미널을 한두 개만 열 수 있다면 이 방법을 사용하기가 어렵습니다. 이런 경우에 Vim의 창 분할 기능을 사용하면 매우 유용합니다.

창 수평 분할하기

우선 vim에서 파일을 하나 열고 :sp 명령을 입력하면 그림 5.3처럼 창이 분할되는 것을 볼 수 있습니다.

```
double x, sum = 0.0;
printf("Loop iteration = %ld\n", (long)LOOP_ITERATION);
step = 1.0/(double) LOOP_ITERATION;
for (i=0; i<LOOP_ITERATION; i++) {
    x = (i+0.5) * step;
    sum += 4.0/(1.0 + x*x);
pi_integration_prototype.c                    18,2-5        80%
    for (i=0; i<LOOP_ITERATION; i++) {
        x = (i+0.5) * step;
        sum += 4.0/(1.0 + x*x);
    }
    printf("PI = %.8f (sum = %.8f)\n", step*sum, sum);
pi_integration_prototype.c                    24,2-5        90%
```

그림 5.3 :sp로 수평 분할된 창

:sp 명령은 현재 열려 있는 파일을 두 개의 창으로 나누어 보여주므로, 한 파일 내에서 서로 다른 위치를 볼 때 유용합니다. 단축키로 하고자 한다면 〈CTRL-W〉 s입니다.

다른 파일로 창을 분할하고 싶다면 :sp file 명령을 사용하면 됩니다. 기본적으로 새 창과 기존 창은 균등한 크기로 나뉘며, 새 창의 크기를 직접 지정하려면 sp 명령 앞에 크기를 넣으면 됩니다. 예를 들어 :10sp file로 명령하면 새로 생성되는 창의 크기는 10행이 됩니다.

창 수직 분할하기

:vs는 그림 5.4와 같이 창을 수직(vertical)으로 분할합니다. 수평 분할과 마찬가지로 :vs file로 명령하면 다른 파일을 분할 창에 열어줍니다. 수직 분할도 명령어 앞에 숫자를 넣어 열 크기를 지정할 수 있습니다. 그리고 수직 분할의 단축키는 〈CTRL-W〉 v입니다.

```
#include <stdlib.h>                    int main()
#ifndef LOOP_ITERATION                 {
#define LOOP_ITERATION 100000000           int i;
#endif                                     double x, sum = 0.0;
double step, pi;                           printf("Loop iteration = %ld\n", (
                                       long)LOOP_ITERATION);
int main()                                 step = 1.0/(double) LOOP_ITERATION
{                                      ;
    int i;                                 for (i=0; i<LOOP_ITERATION; i++) {
    double x, sum = 0.0;                       x = (i+0.5) * step;
    printf("Loop iteration = %ld\n", (l        sum += 4.0/(1.0 + x*x);
ong)LOOP_ITERATION);                       }
<gration_prototype.c 19,5    50% <ration_prototype.c 24,2-5    82%
```

그림 5.4 :vs로 수평 분할된 창

창 관련 명령어들의 단축키는 일관되게 〈CTRL-W〉로 시작하니, 외우는 데 도움이 될 겁니다.

분할된 창 닫기

열린 창을 닫을 때는 종료 명령어인 :q를 사용합니다. 원래 :q는 현재 창을 종료하는 명령어인데 그 동안은 창을 하나만 사용했으므로 Vim이 종료되었던 것입니다. 그러나 여러 개의 창을 사용한다면 창의 개수만큼 :q를 명령해야 Vim이 종료됩니다. 예를 들어 분할된 창이 총 세 개라면 :q를 세 번 명령해야 비로소 Vim이 종료됩니다. 만일 한꺼번에 전부 닫고 싶다면 :qa라는 명령이 있습니다.

지금까지 살펴본 창 관련 명령어를 표 5.4에 정리해보았습니다.

표 5.4 창 분할 명령어 정리

명령어	설명
:[#]sp [파일명]	[#]CTRL-W s 상하로 창을 분할합니다. 파일명을 생략하면 현재 파일을 의미합니다.
:[#]vs [파일명]	[#]CTRL-W v 좌우로 창을 분할합니다.
:[#]new	[#]CTRL-W n 상하로 분할하고, 위쪽에 새로운 창을 만듭니다.
:[#]vnew	좌우로 창을 분할하고, 왼쪽에 새로운 창을 만듭니다.

#은 생성되는 창의 크기를 지정하며 생략하면 균등하게 분할합니다.

복합 분할

수평, 수직 분할을 복합적으로 사용하면 그림 5.5처럼 할 수도 있습니다.

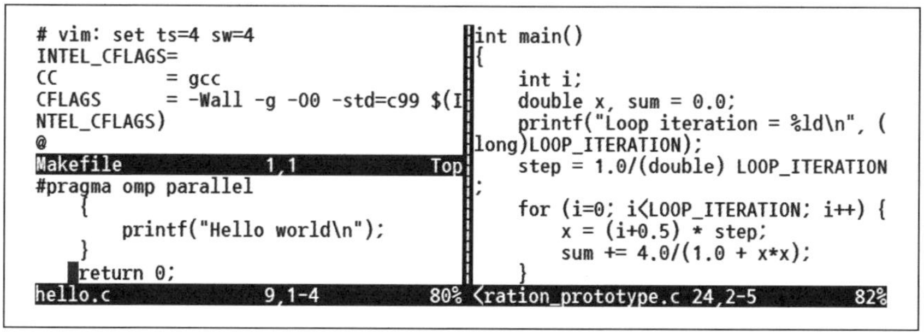

그림 5.5 **복합적으로 분할된 창**

 분할된 창 사이를 이동할 때는 화살표 키나 h, j, k, l 앞에 〈CTRL-W〉만 추가하면 됩니다. 창 사이를 이동하는 명령어를 표 5.5에 정리해두었는데 주의할 점이 있습니다. 창 사이를 이동하는 데 사용하는 h, j, k, l이 소문자로 쓰일 때와 달리 대문자로 쓰이면 창 자체를 해당 위치로 보내는 명령어가 된다는 점입니다.

표 5.5 창 사이를 이동하는 명령어

명령어	설명
CTRL-W CTRL-방향키	CTRL-W 방향키 방향키에는 h, j, k, l이나 화살표 키를 사용할 수 있습니다.
CTRL-W CTRL-W	CTRL-W w 현재 창에서 오른쪽 방향으로 이동합니다. 오른쪽 끝 창이라면 아래로 내려갑니다.
CTRL-W CTRL-P	CTRL-W p 바로 이전에 사용한 창으로 이동합니다.

여러 파일을 분할된 창에 열기

Vim을 시작하면서 여러 파일을 분할된 창에 열고 싶다면 -o 옵션을 사용하면 됩니다. 예를 들어 다음 명령은 두 창을 상하로 분리한 후 위쪽 창에 hello.c를, 아래쪽 창에 pibo.c를 열어줍니다.

```
vim -o hello.c pibo.c
```

소문자 -o 대신에 대문자 -O를 사용하면 창을 좌우로 분할합니다.

창 크기 조절하기

창의 크기를 조절할 때는 〈CTRL-W〉에 +, -를 사용하여 크기를 키우거나 줄일 수 있습니다. 그리고 현재 열린 창의 크기를 모두 균등하게 만들 때는 〈CTRL-W〉 =를 사용합니다.

표 5.6 분할된 창의 크기를 조정하는 명령어

명령어	설명
CTRL-W =	모든 창의 크기를 동일하게 조절합니다.
CTRL-W [#]+	# 크기만큼 크기를 키웁니다. #을 생략하면 1을 키웁니다.
CTRL-W [#]-	# 크기만큼 크기를 줄입니다. #을 생략하면 1을 줄입니다.

파일 내용 비교하기

창 분할에는 특별한 기능이 있습니다. 바로 두 파일을 비교하는 창 기능입니다. Vim을 시작할 때 -d 옵션을 사용하여 vim -d file1 file2처럼 명령하면, file1과 file2를 수직 창 분할로 열면서 내용이 서로 다른 부분을 강조하여 표시해줍니다. 윈도용 Vim에서는 여러 파일을 선택한 뒤에 마우스 오른쪽 팝업 메뉴의 '빔으로 Diff'를 실행하면 됩니다.

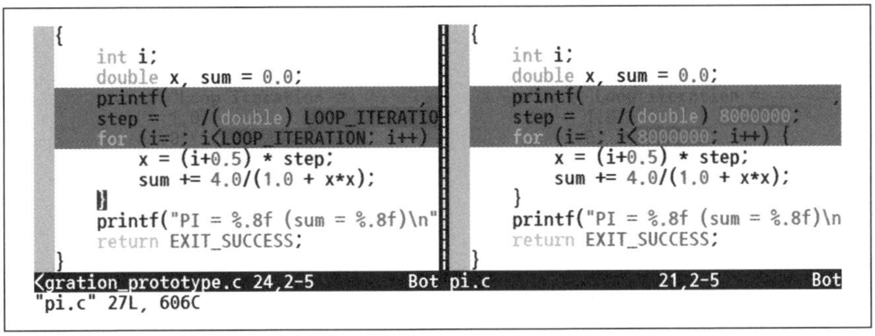

그림 5.6 Vim의 파일 비교(diff) 기능

그림 5.6은 일부 내용이 다른 파일 2개를 비교 기능으로 연 것으로서, 내용이 서로 다른 행과 열을 강조 표시한 것을 볼 수 있습니다. 여기서 커서를 다른 행으로 이동하면 두 화면이 함께 움직이기 때문에 편리합니다. 또한 다른 점을 비교한 후, 다른 점을 가져오는 기능(do)과 다른 점을 복사해 넣는 기능(dp)도 사용할 수 있습니다. 자세한 것은 do와 dp의 도움말을 참고하기 바랍니다.

5.4 탭 페이지

앞에서 배운 창 분할 기능에는 결정적인 단점이 있습니다. 바로 분할할 때마다 편집 화면이 반으로 줄어든다는 점이죠. 그래서 Vim 7 버전에서는 전체 화면에서 여러 파일을 열 수 있는 탭 페이지 기능이 추가되었습니다.

탭으로 열기

백문이 불여일견이라 했으니 예전에 작성한 clientlist.txt 파일을 연 다음 :tabedit hello.c라고 명령해 봅시다. 그러면 그림 5.7과 같이 화면 상단에 탭이 생기면서 clientlist.txt 옆에 hello.c 파일의 탭이 열리는 것을 볼 수 있습니다.

```
 clientlist.txt  hello.c                                    X
#include <stdio.h>
#include <stdlib.h>
int main()
{
    printf(" Hello World \n");
    exit(EXIT_FAILURE);
}
~
                                              1,1          All
```

그림 5.7 **탭 페이지 기능**

이렇게 첫 번째 탭에는 처음 열었던 clientlist.txt 파일이 있고, 두 번째 탭에는 hello.c 파일이 존재합니다. 화면 상단에 밝게 표시된 탭이 현재 열려 있는 파일입니다. 그러면 각 탭 사이를 이동하는 명령도 알아야겠죠?

탭 사이 이동하기

:tabprevious 명령은 이전(previous) 탭으로 이동합니다. 여기서 다음(next) 탭으로 이동하는 명령이 :tabnext일 거라고 추측할 수 있습니다.

```
 clientlist.txt  hello.c                                    X
1304, Yona Yahav, M, 42, MP1
1294, Kebin Robinson, M, 41, CP1
1601, Steven Choi, M, 34, CP3
1314, TW Yoon, F, 46, CP1
1280, Wendy Johnson, 36, CP1, F
1361, Marc Herold, M, 45, MP2
1315, Rina Suzuki, F, 36, MP1
1600, Robert Kim, M, 32, CP3
1297, Rarry Robinson, M, 38, CP2
:tabprevious
```

그림 5.8 **탭 이동 기능(이전 탭으로 이동하기)**

하지만 앞서 소개한 :tabnext, :tabprevious보다 단축 명령인 :tabn, :tabp나 단축키인 〈CTRL-PageDown〉, 〈CTRL-PageUp〉이 더 많이 쓰입니다. 주의할 점은 몇몇 터미널에서는 〈CTRL-PageDown〉, 〈CTRL-PageUp〉 키가 스크롤다운, 스크롤업으로 예약되어 제대로 작동하지 않을 수 있다는 점입니다.

표 5.7 탭 이동 명령

명령어	설명
:[#]tabn[ext] [#]gt [#]〈CTRL-PageDown〉	다음 탭으로 이동하며, 일반 모드의 gt와 동일합니다. #에 숫자를 지정하면 탭 번호가 지정됩니다.
:[#]tabp[revious] [#]gT [#]〈CTRL-PageUp〉	이전 탭으로 이동하며 일반 모드의 gT와 동일합니다. #에 숫자를 지정하면 반복수가 지정됩니다.
:tabm[ove] [#]	#번째 탭으로 현재 탭을 이동시킵니다. (0부터 시작) #이 생략되면 가장 오른쪽으로 이동시킵니다.

탭 열고 닫기

탭을 닫는(close) 명령은 무엇일까요? 이것도 :tabclose라고 쉽게 추측할 수 있습니다. 이런 직관적인 명령어들은 굳이 외우지 않아도 기억하기가 쉽습니다.

마찬가지로 새(new) 파일을 탭으로 여는 명령은 :tabnew입니다. 파일명을 지정하면서 새 탭을 열고 싶다면 :tabnew filename 명령을 사용합니다.

```
 clientlist.txt  [No Name]  hello.c                          X
~
~
~
~
~
:tabnew
```

그림 5.9 이름 없는 새로운 탭 만들기(빈 문서가 열림)

표 5.8 탭 생성과 종료 명령

명령어	설명
:[#]tabe[dit] 파일명	#번째 탭에 파일을 엽니다. #을 생략되면 현재 탭 뒤에 생성됩니다. 번호는 0번 부터 시작합니다.
:[#]tabnew 파일명	#번째 위치에 비어있는 탭을 만듭니다.
:[#]tabc[lose]	#번째 탭을 닫습니다. #을 생략하면 현재 탭을 닫습니다.

tabedit, tabnew, tabclose의 앞에 숫자를 넣으면 열거나 닫는 탭의 순서를 정할 수 있습니다.

Tip Vim 시작시 여러 파일 탭으로 열기

Vim을 시작하면서 여러 파일을 탭으로 열고 싶은 경우도 있을 것입니다. 이를 위해서 -p 옵션이 제공됩니다. 예를 들어 vim -p clientlist.txt hello.c라고 명령하면 두 파일이 각각 탭으로 열립니다.

5.5 디렉터리 탐색하기

윈도의 탐색기처럼 Vim에도 디렉터리 리스트를 보면서 파일을 선택할 수 있는 netrw라는 기능이 있습니다. 이 기능은 간단히 :e directory로 실행하면 됩니다

```
"===============================================================
" Netrw Directory Listing                              (netrw v134)
"   /home/linuxer/work/intel_training/2nd_openmp
"   Sorted by         name
"   Sort sequence: [\/]$,\.h$,\.c$,\.cpp$,*,\.o$,\.obj$,\.info$,\.swp$,\.bak$,
"   Quick Help: <F1>:help  -:go up dir  D:delete  R:rename  s:sort-by  x:exec
"===============================================================
./
dot_matrix1.c
dot_matrix2.c
dot_matrix3.c
hello.c
omp_barrier.c
omp_pi_integration.c
omp_section1.c
                                                      8,1         Top
```

그림 5.10 Vim의 디렉터리 탐색 기능

다. 예를 들어 :e . 명령은 현재 디렉터리를 탐색기처럼 열어줍니다. (Vim을 시작할 때 vim . 명령을 사용해도 동일합니다.)

이때 열리는 창은 분할 창으로 열리기 때문에 필요가 없다면 :q로 닫을 수 있습니다.

파일 목록 이동하기

파일 사이를 이동할 때는 w나 b를 이용합니다. 여기서 w는 word forword, b는 word backword의 의미이므로 참고해서 외우면 좋습니다. 물론 아래위 화살표 키나 방향 키(j 혹은 k)를 사용해도 됩니다. 그리고 파일을 열 땐 파일명 위에 커서를 두고 〈Enter〉를 누릅니다. 또한 화면 위쪽의 'Sorted by ...' 부분에서 〈Enter〉를 누르면 name, time, size 순으로 정렬 기준이 변경됩니다.

그림 5.10의 상단에 보면 〈F1〉은 도움말이라고 쓰여 있습니다. 따라서 〈F1〉을 눌러 도움말을 띄워보도록 합니다. 나타난 도움말 중에 단축키 맵 부분으로 이동하면 그림 5.11과 같은 화면을 볼 수 있을 것입니다. 이 netrw의 단축키 중에 주로 사용되는 것을 표 5.9에 간추려 두었습니다.

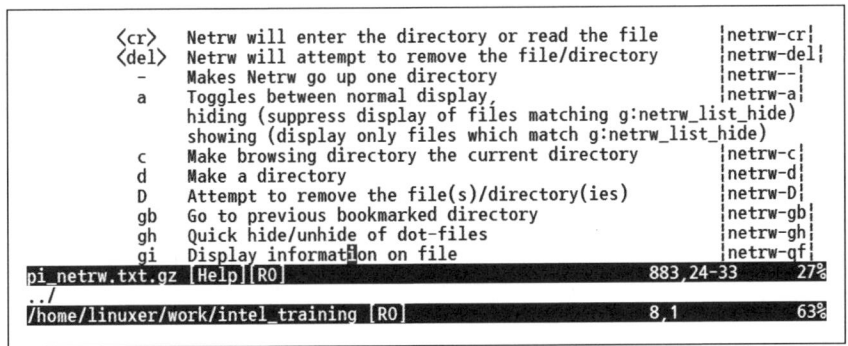

그림 5.11 디렉터리 탐색 기능의 단축키

표 5.9 netrw의 주요 단축키

명령어	설명
⟨Enter⟩	파일을 현재 창에 열어줍니다.
i	파일 표시 방법을 변경(한 줄, 파일 정보도 함께, 와이드 형식, 트리 방식)합니다.
s	정렬 방식을 바꿔줍니다. (이름순, 시간순, 크기순)
o	커서 위치의 파일을 수평 분할된 새 창으로 열어줍니다.
v	커서 위치의 파일을 수직 분할된 새 창으로 열어줍니다.
p	커서 위치의 파일을 미리보기 창으로 열어줍니다. (미리보기 창닫기는 ⟨CTRL-W⟩ z나 :pclose를 사용합니다.)
P	커서 위치의 파일을 바로 이전에 생성한 창에 열어줍니다. 바로 이전에 생성한 창이 없다면 수평 분할된 새 창으로 열어줍니다.
R	파일명을 바꿉니다.
t	새로운 탭으로 분할하여 열어줍니다.
-	상위 디렉터리로 이동합니다.

netrw에서 열리는 분할 창도 5.3절에서 다룬 창 분할 기능과 같기 때문에 창 사이를 옮겨 다니거나 닫는 명령은 동일합니다. 예를 들어 ⟨CTRL-W⟩ ⟨CTRL-W⟩나 ⟨CTRL-W⟩ w를 누르면 창 사이를 이동하며, netrw 창에서 :q를 명령하면 닫힙니다.

Tip 압축 파일 내부 탐색하기

Vim은 압축 파일의 내부를 탐색할 수도 있습니다. 더군다나 압축 파일 내부에서 파일을 선택해도 즉시 해당 파일을 편집할 수 있습니다. 이렇게 편집한 파일을 저장하면 자동으로 압축 파일을 갱신해주기도 합니다.

5.6 파일 열기(고급)

5.1절에서는 파일을 열거나 여러 파일 사이를 이동하는 방법을 살펴보았습니다. 하지만 이보다 더 강력한 기능들이 있기에 소개합니다. 너무 어렵게 느껴

지는 분들은 Vim에 익숙해진 다음에 살펴봐도 좋습니다.

버퍼(파일) 목록 보기

우선 파일을 여러 개 열고 :ls나 :buffers 혹은 :files라고 명령해 봅시다. 그러면 그림 5.12처럼 열려 있는 파일 목록이 나타납니다. 그림 5.12는 vim hello.c happiness.txt pi.c ~/.vimrc ~/work/hellovim.c로 파일을 열고 각 파일 사이를 왔다갔다 한 뒤에 :ls 명령을 입력한 결과입니다.

```
~
~
:files
  1      "hello.c"                    line 1
  2      "happiness.txt"              line 1
  3      "pi.c"                       line 16
  4 %a   "~/.vimrc"                   line 3
  5 #    "~/work/hellovim.c"          line 7
Press ENTER or type command to continue
```

그림 5.12 :files 명령으로 버퍼(파일) 목록 보기

Note Vim의 버퍼(buffer)

Vim에서는 편집 중인 문서를 버퍼(buffer)라고 부르며, 문서를 불러와서 보거나 작업하는 기억장치라는 의미로 사용됩니다. 버퍼가 특정 파일과 연결되어 있는 상태에서 불러오거나 저장되는 경우라면 '버퍼 = 파일'이라고 말해도 큰 무리가 없지만, 빈 문서로 만들어진 경우라면 아직 파일과 연결된 상태가 아니므로 파일이라고 부를 수 없습니다. 그래서 파일명이 있든 없든 작업하는 문서를 가리켜 버퍼라고 합니다. Vim 매뉴얼을 읽을 때도 상황에 따라서 버퍼가 문서임을 알아두면 이해하기 쉬울 것입니다.

Vim은 종료하기 전까지 한 번이라도 열었던 파일의 목록을 모두 유지하고 있습니다. (중복해서 열었던 파일은 한 번만 추가됩니다.) 그림 5.12의 경우에는 파일 목록이 다섯 개이며, 각 파일명 뒤에는 몇 번째 행을 보고 있었는지도 표시됩니다. 숫자와 파일명 사이에 표시되는 %나 # 기호는 해당 파일의 상태

표 5.10 버퍼 목록에 표시되는 기호

명령어	설명
%	현재 편집 중인 버퍼
#	바로 이전에 열었던 버퍼 혹은 다음에 열도록 예비된 버퍼 〈CTRL-^〉를 누르면 #이 표시된 파일이 열립니다.
a	활성된 버퍼(현재 화면에 보이는 버퍼) 창 분할 기능을 쓰는 경우에는 여러 파일에 a 표시가 나타납니다.
+	변경된 부분이 있는 버퍼

를 나타내는데, 각 기호의 의미는 표 5.10과 같습니다.

　표 5.10을 보며 그림 5.12의 파일 상태를 확인해보자면, 현재 편집 중인 파일은 4번이고, 바로 이전에 편집하던 파일은 5번인 것을 알 수 있습니다. 또한 활성된(active) 파일로서 현재 화면에 보여지는 것은 4번 파일입니다. 그림 5.12에서는 %와 a 표시가 한 파일에 표시되어 있지만, 창 분할을 한 경우에는 활성화 표시인 a가 여러 문서에 표시되어 있을 수 있습니다.

버퍼 목록에 파일 추가하기

일반적으로 버퍼 목록은 열었던 파일들을 자동으로 추가하여 작성됩니다. 하지만 열지 않았던 파일도 수동으로 목록에 추가할 수 있습니다. 사용법은 :n {pattern}으로, 앞에서 이미 다뤘던 :n 명령의 확장된 방법입니다. 예를 들어 :n *.txt라고 하면 현재 디렉터리에서 *.txt에 해당하는 모든 파일을 찾아서 목록에 추가한 후, 첫 번째로 검색된 파일을 열어줍니다. 여기에 하위 디렉터리를 검색하는 기능을 추가하고 싶을 때는 **를 붙여서 :n **/*.txt라고 명령하면 됩니다. 이를 활용해서 :n doc**/*.txt라고 하면 doc로 시작하는 디렉터리에 대해서만 검색할 수도 있습니다.

　:n 명령어가 확장되듯 이전 파일로 이동하는 명령인 〈CTRL-^〉도 확장이 됩니다. 〈CTRL-^〉와 :e #의 경우는 {N}〈CTRL-^〉과 :e #{N}으로 확장되며, N에는 :files에서 보이는 파일 번호를 지정할 수 있습니다. 예를 들어 그림 5.12에서

표 5.11 버퍼 관련 명령어들

명령어	설명
:ls :buffers :files	파일 목록을 확인합니다.
:n {pattern}	지정된 pattern으로 파일을 검색하여 목록에 추가하고 첫 번째 검색된 파일을 열어줍니다.
{N}CTRL-^ :e #{N}	{N} 번째 파일 목록을 엽니다.
:0f	현재 버퍼를 목록에서 제거합니다. 연결된 파일이 있다면 해제하여 [No Name]버퍼로 만듭니다.
:r[ead] 파일	파일을 끼워 넣습니다.

3⟨CTRL-^⟩ 명령이나 :e #3 명령어를 통해 pi.c를 열 수 있습니다. 이 외에 유용한 명령어들을 표 5.11에 정리해 보았습니다.

본문에 등장한 파일명 인식하여 열기

본문에 등장하는 파일명을 인식하여 해당 파일을 여는 기능을 살펴보겠습니다. 간혹 코드 5.1과 같이 편집하는 문서에 파일명이 등장하는 경우가 있습니다. 주로 프로그래밍 소스나 스크립트 파일에서 볼 수 있습니다.

코드 5.1 **리눅스의 .bashrc 설정 파일**

```
# .bashrc

# Source global definitions
if [ -f /etc/bashrc ]; then
    . /etc/bashrc
fi

# User specific aliases and functions
```

리눅스에는 각 사용자의 홈 디렉터리에 .bashrc라는 파일이 있습니다. 이 파일은 bash 셸의 설정 파일로 1.1절에서 alias를 설정할 때 설명했었습니다. 그런데 이 파일의 중간에 /etc/bashrc 파일을 불러오는 명령이 등장합니다. 이 파일의 내용을 살펴보려면 :e /etc/bashrc라고 명령하면 되겠지만, 엔터까지 포함하면 무려 열다섯 번이나 키보드를 눌러야 합니다. 그래서 더 편리한 방법으로 파일명 위에 커서를 두고 gf를 입력하면 곧바로 파일을 열 수 있습니다. (이 명령은 goto file이라는 의미입니다.)

표 5.12 본문의 파일명을 인식해서 열어주는 명령어

명령어	설명
gf	커서 위치의 파일명을 인식해서 열어줍니다.
〈CTRL-W〉 f	커서 위치의 파일명을 분할된 창에 열어줍니다.
〈CTRL-W〉 gf	커서 위치의 파일명을 탭에 열어줍니다.

gf는 디렉터리가 포함된 경우 경로 전체를 인식할 수 있으며, 경로가 없고 파일명만 있는 경우에는 현재 디렉터리와 path 옵션에 설정된 디렉터리를 순서대로 검색합니다.

Tip   유닉스 계열의 Vim에서는 path에 시스템 헤더 디렉터리가 기본으로 포함되어 있으므로 C 언어 헤더를 검색할 수 있습니다. 예를 들어 C 언어 소스코드의 #include 〈stdio.h〉가 있다면 stdio.h 위에 커서를 두고 gf를 누르면 시스템 헤더 파일을 찾아서 열어줍니다.

만일 사용자가 검색 대상 디렉터리를 추가하고 싶다면 path에 추가하면 됩니다. 예를 들어 ~/doc을 추가하고 싶다면 :set path+=~/doc라고 명령하면 됩니다. 자주 쓰이는 파일들이 있다면 설정 파일인 .vimrc에 경로를 추가해두면 편리하겠지요?

5.7 파일 인코딩

지금부터 설명할 내용은 파일을 저장하는 문자 세트(character set)에 대한 이야기입니다. 영문 뿐 아니라 한글, 중국어, 일본어, 심볼 같은 다양한 문자를 사용하는 경우라면 필수로 알아야겠지만, 영문만 사용하는 경우라면 몰라도 큰 문제가 없으니 건너뛰어도 좋습니다.

파일 인코딩이란 파일에서 사용하는 문자 형식을 의미합니다. 대표적으로 영문 기호를 표시하는 ASCII, 한글을 표현할 수 있는 EUC-KR 그리고 여러 언어와 기호를 표현할 수 있는 유니코드 등이 있습니다. 텍스트 파일을 열 때는 정해진 인코딩 형식으로 읽어야만 내용을 제대로 볼 수 있습니다. 만약 한글을 UTF-8로 인코딩한 텍스트 파일을 ASCII로 읽어버리면 문자들이 깨져 보이게 됩니다.

인코딩 읽기 옵션

몇몇 특징이 있는 인코딩 방식을 제외하면 프로그램이 자동으로 인코딩 방식을 인식할 수 있는 방법은 없습니다. 그래서 사용자가 자신이 주로 사용하는 인코딩 방식을 Vim의 fileencodings 옵션에 넣어두면, Vim이 이 방식들을 차례대로 테스트하면서 파일을 해석하려고 시도합니다. 참고로 옵션 이름이 길기 때문에 약어인 fencs를 더 많이 사용합니다.

인코딩 형식의 종류

자주 사용하는 파일 인코딩 형식 몇 가지를 표 5.13에 정리해보았습니다. 표에 나오지 않는 인코딩 형식은 encoding-values 도움말에서 자세히 볼 수 있습니다.

표 5.13 공백 메타 문자

인코딩	형식
utf-8, utf8	UTF-8 유니코드 형식
ucs-bom	BOM 마크에 의한 유니코드 형식
korea	한글 지원(별칭) - 유닉스에서는 euc-kr, 윈도에서는 cp949로 자동 변환
euc-kr	한글 지원(유닉스에서만 사용 가능)
cp949	한글 지원(유닉스, 윈도 모두 사용 가능)
japan	일본어 지원(별칭) - 유닉스에서는 euc-jp, 윈도에서 cp932로 자동 변환
latin1, ansi	영문 ASCII 형식

ucs-bom은 유니코드의 한 형태이며, 저장할 때 사용한 바이트 순서(Byte Order Mark, BOM)를 구별합니다. 널리 사용되는 utf-8은 BOM을 사용하지 않지만, 이 외의 유니코드들은 BOM을 체크해야만 데이터를 읽을 수 있기 때문에 이를 먼저 체크하는 것이 좋습니다.

예를 들어 .vimrc 파일에서 set fencs=ucs-bom,utf-8,korea로 설정했다면 세 가지 인코딩 형식(ucs-bom, utf-8, korea)을 순서대로 테스트합니다. 이 경우, 먼저 BOM 표식이 있는지 확인하고 BOM이 발견되지 않았다면 UTF-8인지 확인하고 그것도 아니면 마지막에는 korea 형식으로 읽어 들입니다.

여기서 korea 형식은 유닉스에서는 euc-kr로 해석하고, 윈도에서는 cp949로 해석합니다. 이는 같은 한글이라고 해도 운영체제에 따라 인코딩 형식이 다르기 때문이며, 이러한 호환성 문제를 최소화하기 위해 Vim에서는 korea라는 별칭(alias)을 만들어서 사용합니다.

Note 유니코드와 BOM

유니코드는 CPU 구조에 따라 빅 엔디안(big endian) 혹은 리틀 엔디안(little endian) 형식으로 저장될 수 있으므로, 파일 앞부분에 해당 파일이 어떤 형식으로 저장되었는지를 구별하는 특별한 문자열을 넣을 수 있습니다. 이때 엔디안 바이트 순서를 확인하기 위한 문자열을 BOM이라고 합니다.

> **Note** EUC-KR과 CP949
>
> EUC-KR(Extended Unix Code-Korea)은 유닉스의 한글 완성형이고, CP949(Codepage 949)는 EUC-KR을 확장하여 더 많은 글자를 포함한 윈도 계열의 형식입니다. 따라서 완성형 한글을 쓰는 경우에는 호환성을 위해 CP949를 사용했습니다. 하지만 이제는 국제화 규격을 생각하여 이들보다는 UTF-8을 쓰는 것을 권장합니다.

기본 인코딩 형식 설정하기와 현재 인코딩 형식 확인하기

Vim은 파일을 읽은 후 fileencoding 옵션(s가 없음에 유의)에 현재 파일을 읽을 때 사용했던 인코딩을 저장해 둡니다. 보통은 줄임 표현인 fenc를 사용합니다. 따라서 :set fenc라고 명령하면 현재 파일의 인코딩 형식을 보여주기도 합니다.

파일 인코딩 형식 변환하기

fenc 옵션은 현재 파일의 인코딩 형식을 변경할 때도 사용됩니다. 예를 들어 현재 파일의 fenc를 확인해보니 euc-kr인데, :set fenc=utf-8이라고 명령한 후 저장하면 utf-8로 변환되어 저장됩니다. 반대로 명령하면 utf-8로 작성된 문서를 euc-kr로 바꿀 수도 있습니다. 하지만, 캐릭터 정보가 많은 형식(utf-8)에서 상대적으로 적은 형식(euc-kr)으로 바꾸면 일부 캐릭터 정보가 사라질 수도 있으니 조심하기 바랍니다.

6장

Getting Started with Vim

편리한 편집 기술

> 쓸만한 것은 이미 다 나왔다.
> 우리가 할 일은 그에 대해 한 번 더 생각하는 것뿐이다.
>
> – 괴테

Vim에는 편집을 도와주는 기능이 많습니다. 빠른 커서 이동법, 원하는 부분만 삭제 또는 복사하기, 복잡한 단어나 문장을 빠르게 삽입하는 약어 기능은 매우 유용하게 쓰입니다. 이 외에 Vim의 임시 버퍼인 레지스터를 다양하게 활용하

표 6.1 6장에서 살펴볼 기능

살펴볼 기능	명령어
단어 단위 이동	w, e, e
오퍼레이션 펜딩 (삭제 명령)	d{motion}
약어 매크로	:ab, :ia, :ca
레지스터 목록 확인하기	:reg
레지스터 붙이기	"{reg}p
입력 모드에서 레지스터 붙이기	⟨CTRL-R⟩{reg}

는 방법도 소개하겠습니다.

6.1 단어와 문장 사이를 이동하기

지금까지는 커서를 단순하게 상하좌우로만 이동하고 있었습니다. 하지만 대부분의 경우 단어나 문장부호를 기준으로 이동하는 방법이 더 유용합니다. 특히 단어나 문장 부호를 기준으로 이동하는 기능은 뒤에서 다룰 오퍼레이션 펜딩 모드에서도 활용되므로 프로그래머라면 꼭 연습해보기 바랍니다.

단어나 특별한 경계로 움직이기

설명에 앞서 단어나 특정 위치, 부호의 경계로 이동하는 키들을 표 6.2에 모아봤습니다.

표 6.2 단어나 특별한 경계로 움직이는 키들

명령어	설명
0	0번째 열
^	공백을 제외한 행의 시작 부분
$	마지막 열(행의 끝)
w	단어의 시작 위치 혹은 문장부호의 경계를 따라서 이동합니다. (words forward)
e	w와 같으나, 단어의 끝 부분에 위치합니다. (end of word)
b	w와 비슷하나 진행 방향이 역방향입니다. (words backward)
W, E, B	w, e, b와 비슷하지만 단어가 가진 의미를 따져서 이동합니다. 예를 들어 '/usr/local/bin'이라는 문자열을 만났을 때 w, e, b는 슬래시(/)나 슬래시 바로 뒤에 있는 문자를 문장부호로 인식하지만, W, E, B는 경로 전체를 단어로 인식합니다.

w, e, b의 각각의 기능을 설명하기 전에 하나의 특징을 먼저 이야기 하고자 합니다. 이 명령어들은 공통적으로 공백이나 문장부호의 경계로 이동합니다. 여기서 문장부호(punctuation)란 단어나 문장, 단락 등의 경계를 만드는 기호이며, 공백 문자나 마침표(.), 물음표(?) 혹은 슬래시(/) 같은 기호들이 모두 포

함됩니다. 따라서 특수한 기호로 형식화된 문서를 편집할 때 문장부호 단위로 이동을 하면 편리합니다. 문장부호 단위 이동은 행 끝에서 자동으로 다음 행으로 이동하는 특징도 있습니다.

소문자 w는 단어의 시작 위치와 문장부호에서 정지합니다. 따라서 그림 6.1과 같은 경우라면 각 단어의 시작 위치와 쉼표, 대시(-), 괄호 등에서 멈춥니다. 그러면 3w라고 명령하면 어떻게 될까요? 일반 모드에서 명령어 앞의 숫자는 반복 횟수이니 쉽게 유추할 수 있을 것입니다. 그리고 소문자 b는 w와 이동 방향만 반대이고 기능은 같습니다.

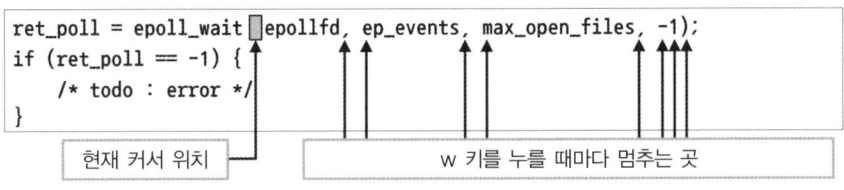

그림 6.1 w를 누를 때 커서의 위치

소문자 e는 w와 비슷하지만, 단어의 시작 부분이 아닌 끝 부분에서 멈춘다는 점만 다릅니다.

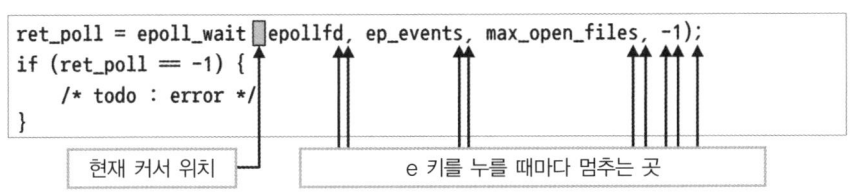

그림 6.2 e를 누를 때 커서의 위치

그런데 w, e, b는 결정적으로 불편한 점이 하나 있습니다. 프로그래밍을 할 때는 기호를 많이 사용하는데 w, e, b는 각종 기호를 모두 문장부호로 구별하기 때문에 너무 자주 멈춥니다.

이럴 때는 문맥에 맞는 단어를 인식하여 이동하는 기능인 대문자 W, E, B를 사용하면 좋습니다. 그림 6.3과 같은 경우 w를 사용하면 슬래시(/)를 만날 때

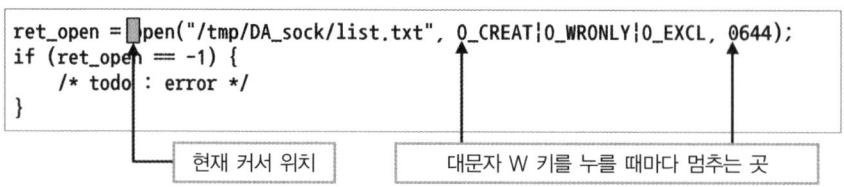

그림 6.3 W를 누를 때 커서의 위치

마다 멈추게 되는데, 사실 /usr/share/dic/words 문자열은 디렉터리를 의미하는 하나의 단어이므로 중간에 멈출 필요가 적습니다. 이때 W를 사용하면 해당 문자열이 디렉터리임을 인식하여 중간에 멈추지 않고 한 번에 이동할 수 있습니다.

괄호나 문단, 블록 단위 이동

프로그래밍을 하는 사람에게는 커서가 위치한 괄호와 짝을 이루는 괄호를 찾는 %가 매우 유용합니다. 만일 커서의 위치가 괄호가 아니라면 가장 근접한 괄호로 이동합니다. 인식하는 괄호의 형태는 ( ), { } , [ ] 입니다. 이 외에 문장, 문단, 블록 단위로 이동하는 기능도 있으며 이를 표 6.3에 정리했습니다.

표 6.3 괄호, 문단, 블록 단위 이동

명령어	설명
%	가장 가까운 괄호 짝으로 이동
(,)	문장 단위의 시작 위치, 끝 위치로 이동
{, }	문단 단위의 시작 위치, 끝 위치로 이동
[[,]]	블록 단위의 시작 위치, 끝 위치로 이동

Note Vim 7.x의 괄호 표시 기능

참고로 Vim 7.x 버전에서는 커서가 괄호에 위치하면 짝이 되는 괄호를 밝게 표시해주는 기능이 생겼기 때문에, 굳이 %를 누르지 않아도 짝이 되는 괄호를 쉽게 알 수 있습니다.

6.2 오퍼레이션 펜딩 모드

여기서는 고급 기능을 배우는 데 필수적인 오퍼레이션 펜딩 모드(operation pending mode)를 살펴보겠습니다. 오퍼레이션 펜딩 모드는 새로운 모드라기보다는 일반 모드의 기능 중 명령어가 지연되는 방식을 의미합니다. 굳이 이름을 외울 필요는 없고 기능의 정의와 작동 방식만 익히면 되겠습니다.

오퍼레이션 펜딩 모드란?

예를 들어 일반 모드에서 $와 d$의 차이점을 생각해봅시다. $는 커서를 행 끝으로 이동시키는 명령어고, d$는 현재 커서 위치부터 행의 끝까지를 삭제하는 명령어입니다. 여기서 $는 키를 누르면 즉시 실행되지만, d$는 d을 누른 다음 $를 누르기까지 아무 작동도 하지 않습니다. 즉 d 명령이 실행되기는 하지만 뒤따라오는 추가 명령어가 입력되기까지는 대기 상태(pending)에 머무른다는 말입니다. 이렇게 다른 명령어를 받기 위해 대기하는 상태를 오퍼레이션 펜딩 모드라고 합니다. d 명령어가 추가로 입력받는 명령에 따라 작동하는 방식의 예를 표 6.4에 몇 가지 적어 보았습니다.

표 6.4 삭제 명령어의 다양한 실행 모드

명령어	설명
d$	현재 커서 위치부터 행 끝까지 삭제합니다.
dd	현재 행을 삭제합니다.
dj	현재 행과 아래 행을 삭제합니다.
dk	현재 행과 위의 행을 삭제합니다.
dw de	현재 커서 위치부터 단어 끝까지 삭제합니다. (커서 위치와 상관없이 단어 하나를 지우려면 diw나 daw를 사용합니다.)
d^	현재 커서 위치부터 행 시작 부분까지 삭제합니다.
d}	현재 커서 위치부터 문단 끝까지를 삭제합니다.

이렇듯 오퍼레이션 펜딩 모드를 사용하는 명령어는 뒤따르는 추가 명령어에 의해 의미가 달라집니다. 예로 보여드린 d 외에도 y나 c가 오퍼레인션 펜딩 모드를 사용하는 대표적인 명령입니다. 만일 Vim의 도움말 문서를 보는데 일반 모드의 명령어를 여러 개의 키 입력으로 실행해야 한다면 오퍼레이션 펜딩 모드를 사용하는 명령어일 가능성이 매우 높습니다.

범위 지정하기

Vim의 도움말을 보면 오퍼레이션 펜딩 모드에 추가로 입력되는 키 중에 {motion}이라고 부르는 것들이 종종 등장하는데, 이는 단어 사이나 행, 특정 위치로 이동하는 키 입력을 가리키며, 이때 입력된 이동 범위가 명령어가 작동할 범위가 됩니다. 표 6.5에 {motion}을 사용하는 유용한 명령어를 몇 개 정리했으니 참고하기 바랍니다.

표 6.5 {motion}을 사용하는 명령어의 예

명령어	설명
y{motion}	{motion}만큼 복사
d{motion}	{motion}만큼 삭제
c{motion}	{motion}만큼 변경 (삭제 후 입력 모드로 전환)

예를 들어 yw로 누르면 w로 이동하는 만큼이 복사됩니다. 만일 dj라고 누르면 j가 이동하는 만큼을 삭제하라는 명령이 됩니다. 이때 j는 아래로 한 행 이동하는 의미이므로 현재 행에서 아래 행까지 두 행이 삭제될 것입니다.

이렇게 오퍼레이션 펜딩 모드를 설명하는 이유는 나중에 단축키나 자동화를 배울 때 오퍼레이션 펜딩 모드에 따라 다양한 기능을 구현할 수 있기 때문입니다.

Tip 커서 위치의 단어를 선택하는 {motion}

dw 명령으로 단어 하나를 온전히 삭제하려면 커서의 위치가 단어의 시작 부분이어야 하는 단점이 있습니다. 이런 단점을 보완하여 커서 위치가 어디든 상관 없이 단어 전체를 삭제 범위로 지정할 수 있는 aw와 iw 명령이 존재합니다.

이들은 오퍼레이션 펜딩 모드로 작동하는 다른 명령어와 결합하여 daw, diw 혹은 caw, ciw처럼 사용됩니다. 차이점은, aw가 단어의 앞뒤 공백을 포함하는 반면, iw는 공백을 포함하지 않는다는 점입니다. 단 aw의 공백은 문맥에 따라서 앞부분일 수도 있고 뒷부분일 수도 있습니다.

이 기능들은 뒤에서 다룰 녹화, 반복 작업, 단축키에서 유용하게 써먹을 수 있으니 한 번쯤 꼭 연습해두기 바랍니다.

Note 단어를 지우는 diw나 daw 외에, 문장이나 단락을 지우는 기능도 있으니 관심이 있다면 :help diw로 확인해보기 바랍니다.

6.3 약어 매크로

약어(abbreviation) 매크로는 입력 모드나 명령행 모드에서 길고 복잡한 문장을 짧은 단어로 대체하여 입력할 수 있는 기능입니다. 예를 들어 다음과 같은 기능을 생각해 봅시다.

- '내멜'이라고 입력하면 sunyzero@gmail.com이 입력되게 하고 싶다.
- 'prjsrc'이라고 입력하면 /export/2/local/pjR2/mds/1.294/src가 입력되게 하고 싶다.
- 입력 모드에서 '시간0'이라고 입력하면 현재 날짜와 시간이 입력되게 하고 싶다.
- 입력 모드에서 '시간1'이라고 입력하면 로케일(locale)에 맞는 시간이 입력되도록 하고 싶다.

이 기능들을 구현하려면 .vimrc 파일에 코드 6.1의 내용을 넣어두면 됩니다.

코드 6.1 **약어 기능을 사용하기 위한 .vimrc의 설정**

```
ab 내멜    sunyzero@gmail.com
ab Prjsrc  /export/2/local/pjR2/mds/1.294/src
ia 시간0   <C-R>=strftime("%Y.%m.%d-%H:%M:%S")<CR>
ia 시간1   <C-R>=strftime("%c")<CR>
```

이제 '내멜'이라고 입력한 후 〈Space〉, 〈Tab〉 혹은 문장부호를 누르면, '내멜'이라는 단어가 즉시 'sunyzero@gmail.com'으로 바뀝니다. 한편 '내멜주소'라고 입력했을 때는 '내멜'이 독립된 단어로 인식되지 않으므로 매크로가 작동하지 않습니다. 이때 억지로 약어를 변환하고 싶다면 〈CTRL-]〉를 사용하면 됩니다. 반대로 '내멜'이라는 단어를 입력했지만 약어로 해석되기를 원하지 않는다면 〈CTRL-V〉를 누르면 됩니다.

> **caution** 일부 윈도우용 Vim에서는 윈도 시스템의 〈CTRL-V〉 단축키와 충돌을 일으키는 경우가 있습니다. 이때는 〈CTRL-Q〉로 대체하여 사용할 수 있습니다.

3행과 4행의 ia는 입력 모드에서만 작동하는 약어입니다. 그리고 입력 모드에서 〈C-R〉은 레지스터(register) 버퍼를 붙여 넣는 단축키이며 다음에 나오는 =는 레지스터 이름이 됩니다. = 레지스터는 특수 키나 함수 같은 기능을 호출할 때 주로 사용하는데 여기서는 현재 시간을 출력하는 Vim 내장 스크립트 함수인 strftime을 호출하는 데 사용되었습니다. 이 함수의 자세한 설명은 이 책의 범위를 벗어나므로 팁 박스를 참고하기 바랍니다. 그리고 Vim 스크립트에 대해 더 배우고 싶다면 도움말이나 Vim 고급 서적을 참고하면 좋습니다. 계속해서 3, 4행 끝에 있는 〈CR〉은 개행 문자, 즉 엔터를 의미합니다. (4.4절에서 특수 문자를 다룰 때 살펴보았습니다.) 이 외에 〈TAB〉이라든지 〈F2〉, 〈F3〉 같은 평션 키도 매크로에 넣을 수 있으니 참고하기 바랍니다.

Tip strftime()에서 사용한 %Y, %m, %d는 년, 월, 일을 의미하고 %H, %M, %S는

시, 분, 초를 의미합니다. 이 기호들은 C 언어의 stftime() 함수에서 사용하는 형태와 동일하므로 자세한 내용은 함수 원형(http://pubs.opengroup.org/onlinepubs/009695399/functions/strftime.html)을 참고하기 바랍니다.

약어 설정과 해제

앞에서 쓰인 ab나 ia와 관련된 주요 기능을 표 6.6에 정리해보았습니다.

표 6.6 약어의 주요 기능(도움말의 abbreviation 참고)

명령어	설명
:ab [lhs]	현재 설정된 모든 약어 목록을 출력합니다. lhs에 약어를 지정하면 해당 약어의 정보만 출력합니다.
:ab {lhs} {rhs}	약어 lhs를 rhs로 설정합니다.
:unab {lhs}	약어 lhs를 해제합니다.
:abclear	설정된 모든 약어를 해제합니다.
:ia {lhs} {rhs}	ab와 기능은 같지만 입력 모드에서만 작동합니다.
:ca {lhs} {rhs}	ab와 기능은 같지만 명령행 모드에서만 작동합니다.

표 6.6의 기능 중 명령행 모드에서만 작동하는 ca는 여러모로 쓸모가 있습니다. 예를 들어 코드 6.2와 같이 설정해 두었다면, :w나 :wq를 잘못 입력하여 :ㅈ, :ㅈㅂ가 입력되었을 때 이를 자동으로 변환해 줍니다.

코드 6.2 한글 자판에서의 오타를 방지하는 명령행 모드 약어 매크로

```
ca ㅈ    w
ca ㅈㅂ   wq
```

Tip 한글이 포함된 약어 매크로가 작동하지 않는다면

간혹 한글이 포함된 약어가 제대로 작동하지 않는 경우가 있습니다. 이는 .vimrc 파일과 편집하는 문서 파일의 인코딩 형식(fileencoding)이 일치하지 않을 때 입니다. 예를 들어 유닉스 계열의 Vim에서는 .vimrc 파일이 UTF-8 형식으로 저장되는데, 현재 편집하는 파일은 EUC-KR 형식이라면 이런 문제가

발생합니다. 반대로 윈도용 Vim에서는 _vimrc 파일이 EUC-KR로 저장되므로, UTF-8로 저장된 파일을 편집하면 같은 문제가 발생합니다.

이런 문제를 해결하려면 설정 파일과 편집할 파일의 fileencoding을 통일시켜야만 합니다. fileencoding 설정은 5.7절 '파일 인코딩'을 참고하기 바랍니다.

6.4 레지스터 활용하기

2장에서 복사, 잘라내기, 붙이기를 배울 때 임시 버퍼인 레지스터(register)를 살짝 살펴보았습니다. 당시에는 복사, 잘라내기에 사용되는 레지스터만 살펴봤지만, 이번에는 다양한 레지스터를 불러오는 방법을 알아보겠습니다. 우선 현재 사용 중인 레지스터 목록을 확인하기 위해 :reg라고 명령해 봅시다. 만일 화면이 작아서 레지스터 목록이 전부 출력되지 않은 경우에는 하단에 '-- MORE -'가 표시되며, ⟨Space⟩나 ⟨Enter⟩를 이용해서 다음 페이지나 다음 행을 볼 수 있습니다.

```
:reg
--- Registers ---
""   Wisdom makes life endurable
"0   PREFIX_DIR^I= ../../..^J
"1   OBJS         = $(patsubst %.c,%.o,$(SRCS))^J
"2   PREFIX_DIR^I= ../../..^J
"3   /* vim: set ts=4 sw=4: */^J
"4   ^Isaddr_in.sin_port = htons(((short)atoi(argv[2])));^J
"5   for (i=0; i<LOOP_ITERATION; i++) {^Jx = (double)rand() * rns;^Jy = (doub
"6   up-to-date as possible.^J
"7   mymailis^Isunyzero@gmail.com^Isunyzero@gmail.com ^J
"8   work/pi.c^J
"9   pi.c^J
"-   Wisdom makes life endurable
":   reg
"%   vimrc
"/   \(http://[a-zA-Z0-9._@%&=:?/-]\+\)
Press ENTER or type command to continue
```

그림 6.4 현재 레지스터 리스트(:reg 명령어)

그림 6.4에서 레지스터 이름은 겹 따옴표로 시작하는 것을 볼 수 있습니다. 그림에 보이는 레지스터들은 자동으로 관리되는 레지스터들로서 삭제, 복사, 검색을 하면 자동으로 생성되는 것들입니다. 그렇다면 이제 ""이나 "0, "1과

같은 레지스터 이름이 어떻게 생성된 것인지 자세히 알아보겠습니다.

편집 관련 레지스터

레지스터는 크게 세 가지로 나눌 수 있습니다. 첫째는 편집 과정에서 복사나 삭제했던 데이터를 저장하는 레지스터, 둘째는 Vim의 각종 기능에 사용된 인수를 기억해두는 레지스터, 셋째는 파일에 관련된 레지스터입니다. 이 중에서 편집에 관련된 레지스터 이름을 표 6.7에 정리해두었는데 주로 번호를 사용하는 것을 알 수 있습니다.

표 6.7 레지스터 목록(편집에 관련된 레지스터)

레지스터 이름	설명
" "	가장 최근에 복사, 삭제된 데이터
"0	가장 최근에 복사(yank)된 데이터
"1 ~ "9	가장 최근에 삭제된 데이터(시간순, 1번이 가장 최근 데이터)

2장에서 복사, 삭제, 붙여넣기를 배우면서 붙여넣기에는 p를 사용한다고 했었습니다. 그런데 p는 " "레지스터의 내용을 붙여넣는 명령어입니다. 만일 "3 레지스터를 붙여 넣고자 한다면 "3p라고 명령하면 됩니다. 따라서 p 명령도 " "p와 같은 의미라고 볼 수 있습니다.

기능 관련 레지스터

기능에 관련된 레지스터의 이름에는 기호가 많습니다. 표 6.8을 보면 각 기능별 레지스터의 이름이 전부 기호로 되어있는 것을 볼 수 있는데, 굳이 외울 필요는 없습니다. 왜냐하면 슬래시(/)는 검색하는 키, 콜론(:)은 명령행 모드로 바꾸는 키, 마침표(.)는 최근 명령어를 반복하는 키이기 때문입니다. 따라서 대부분 각 기능을 사용하는 키가 바로 기능 관련 레지스터의 이름이 됩니다.

표 6.8 레지스터 목록(기능에 관련된 레지스터)

레지스터 이름	설명
"-	가장 최근에 한 라인 이내로 삭제한 데이터
"/	가장 최근에 검색한 데이터
":	가장 최근에 명령행 모드에서 내린 명령어 데이터(읽기 전용)
".	가장 최근에 입력한 데이터(읽기 전용)

파일 관련 레지스터

파일에 관련된 레지스터의 이름도 직관적입니다. 앞서 문서 전체를 범위로 지정할 때 사용했던 %는 바로 현재 파일명을 의미합니다. 즉 현재 파일명은 문서 전체를 의미한다는 말입니다. 그리고 바로 이전 파일을 열 때 :e # 명령을 사용했던 것을 기억해 봅시다. 여기서 #의 의미가 이전에 열었던 파일명이듯, 레지스터에서도 동일한 의미로 사용됩니다.

이렇듯 레지스터 이름은 꽤 많지만, 무작정 외우기보다는 의미를 이해하면 쉽게 기억할 수 있습니다. Vim에서는 레지스터뿐 아니라 대부분의 기능이 동일한 의미로 사용되는 경우가 많으니, 항상 연관성을 찾으려고 노력하다 보면 쉽게 익힐 수 있습니다.

표 6.9 레지스터 목록(파일에 관련된 레지스터)

레지스터 이름	설명
"%	현재 편집 중인 파일명 (읽기 전용)
"#	이전에 열었던 파일명 〈CTRL-^〉을 누르면 열게 될 파일. (읽기 전용)

사용자 등록 레지스터

영문자는 사용자가 임의로 등록할 수 있는 레지스터입니다. 그런데 레지스터 이름에 소문자를 쓰는 경우와 대문자를 쓰는 경우가 다르기 때문에 주의해야 합니다. 앞에서 작성했던 clientlist.txt 파일을 편집하면서 대소문자의 차이를 설명해보겠습니다.

그림 6.5와 같이 clientlist.txt 파일의 2행 1294 위에 커서를 두고 "byiw라고 명령하면, b 레지스터에 대해 yiw 명령을 실행합니다. 여기서 iw는 공백을 포함하지 않는 단어 단위 선택이므로 공백을 제외하고 커서 아래의 단어만 b 레지스터에 복사됩니다.

```
1304, Yona Yahav, M, 42, MP1
1294, Kebin Robinson, M, 41, CP1
1601,     en Choi, M, 34, CP3
           CP1
1294 위에 커서를 두고     36, CP1, F
"byiw라고 입력합니다.     45, MP2
                          36, MP1
1600, Robert Kim, M, 32, CP3
1297, Rarry Robinson, M, 38, CP2
                                              2,3         All
```

그림 6.5 커서 아래 단어를 레지스터에 복사

참고로 "byiw 명령어가 실행되어도 별다른 피드백은 없으니 반응이 없다고 이상해 할 필요는 없습니다. 반응이 없었으니 b 레지스터의 내용을 수동으로 확인해 봅시다. 이를 위해 :reg b 명령을 입력합니다.

```
1280, Wendy Johnson, 36, CP1, F
1361, Marc Herold, M, 45, MP2
:reg b
--- Registers ---
"b   1294
Press ENTER or type command to continue
```

그림 6.6 b 레지스터의 내용 확인

특정 레지스터의 이름을 지정해서 내용을 확인할 때는 앞의 겹 따옴표는 생략할 수 있습니다. 따라서 :reg b 혹은 :reg "b는 동일한 명령이 됩니다. b 레지스터에 원하는 내용이 복사된 것을 확인했다면 〈Enter〉를 눌러서 레지스터 목록을 닫습니다.

```
1304, Yona Yahav, M, 42, MP1
1294, Kebin Robinson, M, 41, CP1
1601, Steven Choi, M, 34, CP3
1314, TW Yoon, F, 46, CP1
1280,      Johnson, 36, CP1, F
```

4번행 1314 위에 커서를 두고 "Byy라고 입력합니다.

그림 6.7 **대문자 B 레지스터에 현재 행을 복사**

그리고 이번에는 4행으로 이동해서 "Byy라고 명령합니다. "Byy는 B 레지스터에 대해 yy 명령(현재 행 복사)을 실행한다는 뜻입니다. 하지만 명령 후 :reg로 전체 레지스터 목록을 확인해보면 B 레지스터가 존재하지 않는 것을 보게 될 것입니다. 대신 b 레지스터의 내용이 바뀌어 있는 것을 확인할 수 있습니다. 이전에는 1294가 들어 있었는데, 지금은 1294^J1341, TW Yoon, F, 46, CP1^J가 들어 있습니다. 즉, 대문자 레지스터는 기존의 소문자 레지스터의 뒤에 내용을 추가하는 명령으로 작동합니다.

```
"4   ^Isaddr_in.sin_port = htons(((short)atoi(argv[2])));^J
"5   for (i=0; i<LOOP_ITERATION; i++) {^Jx = (double)rand() * rns;^Jy = (doub
"6   up-to-date as possible.^J
"7   mymailis^Isunyzero@gmail.com^Isunyzero@gmail.com ^J
"8   work/pi.c^J
"9   pi.c^J
"b   1294^J1314, TW Yoon, F, 46, CP1^J
"l   <80>kr<80>kr<80>kl<80>kl
"-   Wisdom makes life endurable
":   reg b
-- More --
```

그림 6.8 **전체 레지스터 목록 확인(b 레지스터에 내용이 추가된 상태)**

그리고 그림 6.8의 레지스터 내용 중 ^J는 개행 문자를 의미하고, ^I는 탭을 의미합니다. 실제로 b 레지스터를 사용해보면 ^J 부분에서는 줄바꿈(개행)이 일어나고, ^I 부분에서는 탭이 입력됩니다.

레지스터 복사, 삭제, 붙여넣기

지금까지 레지스터의 사용법에 대해서 알았으니, 이제 복사(yank), 삭제

(delete), 붙여넣기(paste) 명령어에 레지스터를 포함시켜 확장된 문법으로 다시 정리해보겠습니다.

표 6.10 레지스터로 확장된 복사, 삭제, 붙여넣기

명령어	설명
"{reg}y{motion}	{reg} 레지스터에 {motion}에 해당하는 부분을 복사합니다.
"{reg}p	{reg} 레지스터의 내용을 현재 커서 뒷부분에 넣습니다. (레지스터에 개행 문자가 포함된 경우는 커서의 아래 행에 넣습니다.)
"{reg}P	{reg} 레지스터의 내용을 현재 커서의 앞부분에 넣습니다. (레지스터에 개행 문자가 포함된 경우는 커서의 윗 행에 넣습니다.)
"{reg}d{motion}	{reg} 레지스터에 {motion}에 해당하는 부분을 잘라 넣습니다. (Vim에서 삭제하는 모든 행위는 잘라내기로 작동합니다.)
CTRL-R{reg}	입력 모드에서만 사용하는 명령으로 {reg} 레지스터를 붙여 넣습니다. "{reg}를 생략하면 " " 레지스터를 가리킵니다.

참고로 레지스터의 내용은 .viminfo 파일에 저장되므로, Vim을 종료한 뒤에 다시 실행해도 레지스터를 사용할 수 있습니다.

Note 윈도용 Vim은 .viminfo 대신에 _viminfo 파일을 사용합니다.

7장

Getting Started with Vim

자동화

> 반복은 연구의 어머니다.
>
> – 쇼펜하우어, 문장론

    마이크로소프트 워드나 흔글 같은 소프트웨어에서는 간단한 기능을 조합하여 사용자만의 기능을 구현하거나, 입력 과정을 녹화했다가 재생하는 매크로 기능을 제공합니다. 하지만 이런 기능들은 너무 단순하거나 혹은 사용하기가 너무 복잡한 경우가 많습니다.

    이에 비해 Vim의 자동화 기능은 매우 간단하고 직관적이지만 강력합니다. 더군다나 앞에서 배운 기능들을 단순하게 재배치하는 수준에서 시작하므로 따로 배울 것도 많지 않습니다. 자동화를 잘 사용하면 지루한 작업에서 해방될 수 있으니 꼭 배워두기 바랍니다.

    이 책에서 다룰 자동화 기능은 단축키에 기능 매핑하기, 파일을 여는 등의 특정 이벤트 발생시 자동으로 실행되는 명령어 만들기, 사용자가 행하는 작업을 녹화했다가 재생하기입니다.

표 7.1 7장에서 살펴볼 기능

살펴볼 기능	명령어
단축키 설정	:map, :nmap, :imap
단축키 해제	:unmap, :nunmap, :iunmap
자동 명령	:au
녹화 기능	q{register}
재생 기능	@{register}

7.1 키 매핑(단축키)

키 매핑은 특정 키가 눌릴 때, 미리 설정한 기능을 호출하도록 합니다. 약어 매크로와 크게 다를 것은 없지만, 약어 매크로가 입력 모드, 명령행 모드에서만 사용가능한 반면, 키 매핑은 모든 모드에 대해 사용할 수 있다는 점이 다릅니다.

단축키 설정하기

우선, 코드 7.1의 내용을 .vimrc에 추가한 뒤에 Vim을 재실행하여 설정이 반영되게 합니다. 이후 일반 모드에서 〈F2〉를 눌러보면 :up 명령이 실행되는 것을 볼 수 있습니다(1행).

또한 입력 모드로 바꿔서 〈CTRL-D〉를 눌러보면 현재 시각이 출력되는 것을 볼 수 있을 겁니다(2행). 여기서 strftime()은 6.3절의 약어(abbreviation) 매크로를 살펴볼 때 언급했으므로 따로 설명하지는 않겠습니다.

마지막으로 비주얼 모드에서 블록을 선택한 뒤에 〈CTRL-C〉를 누르면, 선택된 내용이 복사됩니다(3행).

코드 7.1 키 매핑 기능을 사용하기 위한 .vimrc의 설정

```
nmap <F2>    :up<CR>
imap <C-D>   <C-R>=strftime("%Y.%m.%d-%H:%M:%S")<CR>
vmap <C-C>   y
```

좀더 자세하게 1행의 nmap ⟨F2⟩ :up⟨CR⟩ 명령을 해석해 보겠습니다.

- nmap ⟨F2⟩ : 일반 모드에서 ⟨F2⟩ 키를 눌렀을 때의 단축키를 설정합니다.
- :up⟨CR⟩ : 앞의 단축키를 눌렀을 때 :up⟨CR⟩을 실행합니다. 여기서 ⟨CR⟩은 엔터입니다.

예에서 볼 수 있듯이 Vim에는 일반 모드, 입력 모드, 명령행 모드, 비주얼 모드에 따라서 키매핑을 설정하는 명령어가 다릅니다. 하지만 nmap 명령의 n은 일반(normal) 모드를, imap 명령의 i는 입력(insert) 모드를, vmap 명령의 v는 비주얼(visual) 모드를 의미하므로 따로 외울 필요없이 이해할 수 있을 것입니다.

표 7.2 일반, 입력, 비주얼, 명령행 모드의 단축키 지정 방법

명령어	설명
nmap key command	일반 모드에서 key를 누르면 command를 실행합니다.
imap key command	입력 모드에서 key를 누르면 command를 실행합니다.
vmap key command	비주얼 모드에서 key를 누르면 command를 실행합니다.
cmap key command	명령행 모드에서 key를 누르면 command를 실행합니다.

이 외에도 omap, xmap, smap, map!, lmap 등 다양한 단축키 매핑 명령이 있지만 이 책의 범위를 벗어나기 때문에 여기서는 설명하지 않겠습니다. 관심이 있는 분들은 Vim의 도움말을 참고하기 바랍니다.

단축키를 해제하는 명령은 map 대신 unmap을 사용하면 됩니다. 모드에 따라 각각 nunmap, iunmap, vunmap, cunmap 등으로 적으면 됩니다.

> **caution** 단축키를 맵핑하기 전에는 반드시 해당 키에 다른 명령어가 맵핑되어 있지 않은지 확인하기 바랍니다. 특히 ⟨CTRL⟩과 조합할 때는 미리 맵핑된 키가 많기 때문에 덮어 쓰지 않도록 조심해야 합니다.

연습문제 7.1

(1) 일반 모드에서 〈F3〉 키를 누르면 현재 디렉터리를 탐색하게 해봅시다.

(2) 일반 모드나 입력 모드에서 〈CTRL-L〉을 누르면 〈ESC〉q/를 실행하게 해봅시다.

7.2 자동 명령

자동 명령은 특정 파일을 열거나 저장하는 이벤트가 발생할 때 사용자가 지정한 Vim 명령을 자동으로 수행시키는 기능입니다. 이 기능을 이용하면 파일 형식에 따라 자동으로 특정 옵션을 켜거나 특정 명령을 내리는 것이 가능합니다.

코드 7.2에서 autocmd는 자동 명령을 의미하며 BufRead는 파일을 읽는 이벤트, BufNewFile은 파일을 새로 만드는 이벤트를 의미합니다. 즉, 1행은 *.txt 파일을 읽거나 새로 만들 때 colo evening 명령을 자동으로 실행하라는 뜻입니다. colo는 3.2절에서 색상 테마를 다룰 때 살펴보았습니다.

2행은 자바 언어의 소스 코드인 *.java 파일을 열 때 색상 테마는 morning으로 하고, 들여쓰기(ts, sw) 관련 옵션을 2칸으로 설정하라는 뜻입니다. 이렇게 여러 명령을 실행하는 경우는 수직 바(|)를 사용하여 구분합니다.

코드 7.2 **파일 확장자에 따라 색상 테마를 바꾸는 .vimrc 설정**

```
autocmd BufRead,BufNewFile *.txt   colo evening
autocmd BufRead,BufNewFile *.java colo morning|set ts=2 sw=2
```

그리고 코드 7.2의 예제에서 autocmd 명령어는 약어인 au로 적을 수 있습니다. 일반적으로 약어를 더 많이 사용합니다.

파일 관련 이벤트에 따른 자동 명령

그러면 이제 예제에서 가장 중요한 부분인 두 번째 인수, 즉 이벤트 종류를 알아보겠습니다. 파일과 관련된 주요 이벤트는 표 7.3과 같습니다.

표 7.3 자동 명령에 사용되는 파일 관련 주요 이벤트

명령어	설명
BufNewFile	파일을 새로 생성했을 때의 이벤트
BufRead	파일을 읽은 후의 이벤트
BufWrite	파일을 저장한 후의 이벤트
SwapExists	스왑 파일이 이미 존재하는 경우의 이벤트

3.4절에서는 파일을 열 때 스왑 파일이 존재하면 중복해서 여는 것으로 보고 에러가 발생한다고 설명했습니다. 그러면 스왑 파일이 존재하는 경우, 자동으로 읽기 전용으로 열게 하면 어떨까요? 일단 표 7.3에서 스왑 파일과 관련된 이벤트로는 SwapExists를 찾을 수 있습니다. 이를 활용하여 코드 7.3과 같이 설정해보았습니다.

코드 7.3 스왑 파일이 존재하는 경우 읽기 전용으로 여는 .vimrc 설정

```
au  SwapExists *  let v:swapchoice = 'o'
```

코드 7.3은 v:swapchoice라는 변수에 영문 소문자 o를 넣으라는 Vim 내장 스크립트 구문입니다. 여기서 let은 변수를 지정하는 명령어입니다. 따라서 코드 7.3은 스왑 파일이 존재하면(SwapExists) 자동으로 v:swapchoice 변수를 영문자 o로 설정합니다.

v:swapchoice 변수는 차후 Vim이 스왑 파일이 존재하는 경우 어떻게 작동할지 결정하는데, o는 읽기 전용(read-only)으로 파일을 연다는 의미입니다. 옵션으로는 e나 r, q 등을 설정할 수 있으며 각 옵션의 의미는 표 3.7에서 이미 살펴보았습니다. 예를 들어 다음과 같이 설정하면, 파일을 중복해서 열었을 때 나중에 연 Vim은 자동으로 종료됩니다.

```
let v:swapchoice = 'q'
```

파일 타입에 따른 자동 명령

이번에는 C++ 파일을 열 때 색상 테마를 slate 타입으로 바꾸는 자동 명령을 생각해 봅시다. 다음과 같이 하면 어떨까요?

```
au BufRead,BufNewFile *.cpp colo slate
```

작동은 하겠지만 백점짜리 답은 아닙니다. 왜냐하면 C++ 파일의 확장자는 cpp 외에도 cc, cxx, 대문자 C 등으로 다양하기 때문에, 이 확장자들을 모두 등록해야 합니다. 여러 파일을 적을 때는 쉼표로 구분하여 다음과 같이 설정해야 합니다.

```
au BufRead,BufNewFile *.cpp,*.cc,*.cxx,*.C colo slate
```

헌데 이 방법은 조금 지저분하고 비효율적으로 보입니다. 그래서 파일 형식을 구분할 수 있는 새로운 이벤트를 하나 더 소개할까 합니다.

코드 7.4 **파일 타입에 따라 색상 테마를 바꾸는 .vimrc 설정**

```
au FileType cpp   colo slate
```

FileType은 filetype 옵션을 확인하여 자동 명령을 실행하는 이벤트입니다. C++ 파일의 filetype은 cpp입니다.

Vim에서 :e $VIMRUNTIME/ftplugin 명령을 사용하면 파일 타입 플러그인 디렉터리를 열립니다. 그리고 이 디렉터리에는 확장자가 .vim으로 끝나는 많은 파일을 볼 수 있는데, 이들이 바로 Vim에서 지원 가능한 파일 타입이니 참고하기 바랍니다.

자동 명령 그룹화와 해제

자주 사용하지는 않지만 autocmd를 해제하는 au! 명령과 자동 명령을 그룹으로 묶는 augroup 명령도 있습니다. 이 명령어는 상관 관계가 있는 명령어들을 묶어서 필요에 따라 실행하거나 제거하는 용도로 많이 사용합니다. 하지만 일반 사용자들에게는 거의 필요하지 않으므로 여기서는 간단한 예제만 살펴보고 넘어가겠습니다.

코드 7.5 **augroup을 이용한 자동 명령 그룹화**
```
augroup UserDefinedColorScheme
    au!
    au FileType sh,perl,python,ruby    colo shine
    au FileType c,cpp    colo slate
    au BufRead,BufNewFile *.txt    setfiletype text
    au FileType text    colo evening
augroup END
```

코드 7.5는 UserDefinedColorScheme이란 그룹을 만들고 몇몇 기능을 설정한 예제입니다. 이렇게 하면 해당 자동 명령 그룹의 기능이 중복 설정되는 것을 방지할 수 있습니다. 이 외에도 자동 명령을 활용한 더 많은 기능을 공부하고 싶다면 매뉴얼의 autocommand 항목을 참고하기 바랍니다.

Note autocmd는 사용자에게 다양하게 확장된 기능을 제공할 수 있습니다. 이 책에서는 간단하게 주요 이벤트 몇 개만 소개했으며, 더 많은 이벤트 목록은 autocmd-events 도움말 항목에서 확인할 수 있습니다.

연습문제 7.2
(1) 스왑 파일이 존재하는 경우, *.txt는 읽기 전용으로 열고 *.c나 *.h는 자동 종료하게 해봅시다.

7.3 반복된 작업 녹화하기

녹화는 사용자의 작업을 기억해두었다가 다시 작동시키는 일종의 매크로 기능입니다. 녹화 기능을 배우기 전에 파일 두 개를 준비해야 합니다. 하나는 예전에도 많이 사용했던 clientlist.txt 파일이고, 또 하나는 코드 7.6의 내용을 가진 clientmail.txt 파일입니다. clientmail.txt 파일은 이전에 없던 것이므로 새로 작성해야 합니다.

코드 7.6 **clientmail.txt 파일**
```
1600, optiger22@ibn.com
1314, teawooy1@boggle.com
1315, rinzzang@yohoo.co.jp
1601, schoi74@idontcare.net
1304, yoyohave@vimvim.co.kr
1294, braverobb@bettervi.com
1297, rrjr4624@orakle.com
```

이제 clientmail.txt 파일에 입력된 메일 주소를 clientlist.txt 파일에 통합하는 일이 주어졌다고 가정합시다. 두 파일은 공통적으로 행 앞부분에 고객 번호가 있습니다. 따라서 고객 번호가 같은 행을 clientmail.txt에서 찾은 후, 메일 주소 부분을 복사하여 clientlist.txt에 붙여넣으면 됩니다. 예를 들어 clientlist.txt의 1행은 고객 번호가 1304번이므로, clientmail.txt 파일에서 1304번을 찾은 후(5행) 뒷부분의 메일 주소를 복사하여 clientlist.txt의 1행 뒷부분에 추가해주면 됩니다. 물론 데이터베이스를 활용하면 이런 작업을 쉽게 처리할 수 있습니다. 하지만 여기서는 녹화 기능을 연습하기 위해 직접 해보겠습니다.

1. clientlist.txt와 clientmail.txt 파일 열기

우선 편집할 파일인 clientlist.txt와 메일 주소가 들어있는 clientmail.txt를 동시에 엽니다. 동시에 두 파일을 열 때는 분할 창이 편하므로, 셸에서 다음과 같이 입력합니다.

```
vim -o clientlist.txt clientmail.txt
```

셸을 사용하기가 번거로운 환경이라면 clientmail.txt를 먼저 열고 :sp clientlist.txt 명령을 사용해도 됩니다.

```
 1304, Yona Yahav, M, 42, MP1
 1294, Kebin Robinson, M, 41, CP1
 1601, Steven Choi, M, 34, CP3
 1314, TW Yoon, F, 46, CP1
 1315, Rina Suzuki, F, 36, MP1
 1600, Robert Kim, M, 32, CP3
clientlist.txt                        1,1        Top
 1314, teawooy1@boggle.com
 1315, rinzzang@yohoo.co.jp
 1601, schoi74@idontcare.net
 1304, yoyohave@vimvim.co.kr
 1294, braverobb@bettervi.com
 1297, rrjr4624@orakle.com
clientmail.txt                        7,1        Bot
```

그림 7.1 **분할 창으로 파일 열기**

2. 녹화 시작

clientlist.txt의 첫 행에 커서를 두고 qa를 누르면 상태바에 recording이라는 메시지가 표시되면서 녹화가 시작됩니다. 이제부터는 조심해서 키를 눌러야 합니다.

여기서 q는 녹화를 시작하거나 종료할 때 쓰는 명령이며, a는 녹화할 매크로의 이름입니다. 매크로 이름으로는 영문 소문자를 사용해야 합니다. 녹화된 내용은 녹화가 끝난 후 동일한 이름의 레지스터에서 확인할 수 있습니다.

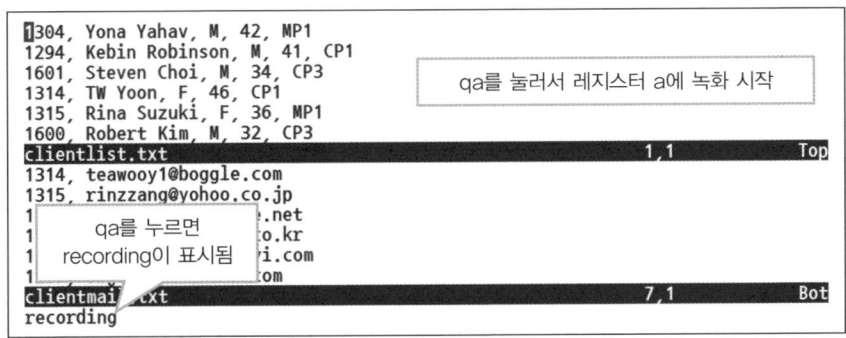

그림 7.2 **녹화 시작(레지스터 a에 녹화)**

3. 고객 번호 복사

우선 고객을 식별하는 기준이 되는 고객 번호를 복사해야 하므로, ^ 키를 눌러서 커서를 행의 맨 앞부분으로 이동시킵니다. 커서가 숫자 부분에 위치한 후, yiw 명령을 실행하면 커서 아래의 단어가 복사됩니다.

```
1304, Yona Yahav, M, 42, MP1
1294, Kebin Robinson, M, 41, CP1
       yiw    en Choi, M, 34, CP3
1314, TW Yoon, F, 46, CP1
1315, Rina Suzuki, F, 36, MP1
1600, Robert Kim, M, 32, CP3
clientlist.txt                                          Top
1314, teawooy1@boggle.com      1. ^를 눌러서 행의 맨 앞으로 이동한다.
1315, rinzzang@yohoo.co.jp     2. 행의 맨 앞에서 yiw를 눌러 번호를 복사한다.
1601, schoi74@idontcare.net
1304, yoyohave@vimvim.co.kr
1294, braverobb@bettervi.com
1297, rrjr4624@orakle.com
clientmail.txt                              5,1         Bot
recording
```

그림 7.3 키로 사용될 고객 번호 복사

4. 고객 번호로 검색

방금 전에 복사했던 번호를 clientmail.txt에서 검색하기 위해 〈CTRL-W〉 w를 눌러 창을 이동합니다. 그리고 / 〈CTRL-R〉 " 명령을 입력합니다. 여기서 슬래시는 검색 명령이고, 〈CTRL-R〉 "은 최근에 복사된 내용이 들어있는 레지스터의 내용을 붙여 넣습니다. 그리고 엔터를 치면 검색이 시작될 것 입니다.

```
1304, Yona Yahav, M, 42, MP1
1294, Kebin Robinson, M, 41, CP1
1601, Steven Choi, M, 34, CP3
1314, TW Yoon, F, 46, CP1         1. 〈CTRL-W〉 w로 clientemail.txt로 이동
1315, Rina Suzuki, F, 36, MP1     2. /를 눌러서 검색 기능 호출
1600, Robert Kim, M, 32, CP3      3. 〈CTRL-R〉"으로 이전에 복사한 번호 붙여넣기
clientlist.txt                    4. 〈Enter〉로 검색 시작         Top
1314, teawooy1@boggle.com
  〈CTRL-R〉"를     oo.co.jp
  누르면 /1304가   tcare.net
  표시됩니다.      vim.co.kr
                  ttervi.com
1297, rrjr4624@orakle.com
clientmail.txt                              7,1         Bot
/1304
```

그림 7.4 clientmail.txt에서 동일 번호 행 찾기

5. 검색된 행의 메일 주소 복사

고객 번호를 검색한 후 clientmail.txt의 숫자 부분에서 문장 부호를 두 개 뛰어 넘으면(2w) 커서가 메일 주소에 위치합니다. 여기서 메일 주소 부분을 복사하기 위해 커서 위치에서 행의 끝까지를 복사하는 y$ 명령을 사용합니다.

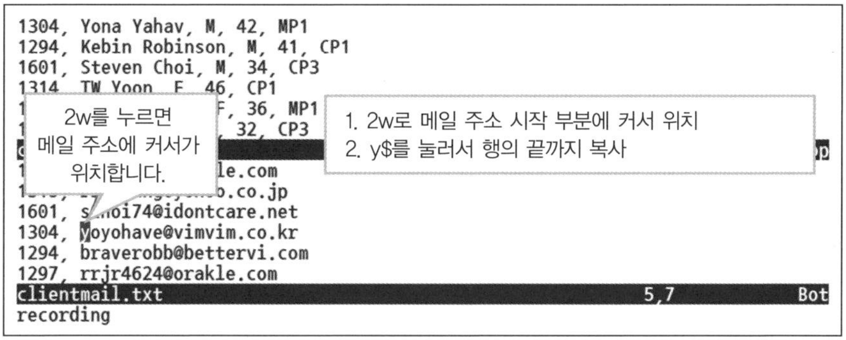

```
1304, Yona Yahav, M, 42, MP1
1294, Kebin Robinson, M, 41, CP1
1601, Steven Choi, M, 34, CP3
1314, TW Yoon, F, 46, CP1
1315, Rina Suzuki, F, 36, MP1
1600, Robert Kim, M, 32, CP3

                          le.com
                          o.co.jp
1601, schoi74@idontcare.net
1304, yoyohave@vimvim.co.kr
1294, braverobb@bettervi.com
1297, rrjr4624@orakle.com
clientmail.txt                                5,7         Bot
recording
```

2w를 누르면 메일 주소에 커서가 위치합니다.

1. 2w로 메일 주소 시작 부분에 커서 위치
2. y$를 눌러서 행의 끝까지 복사

그림 7.5 **검색된 행의 메일 주소를 복사**

6. clientlist.txt에 메일 주소 붙여넣고 녹화 끝내기

이제, 복사한 메일 주소를 clientlist.txt에 붙여넣기 위해 〈CTRL-W〉 w를 입력합니다. 그리고 A를 눌러 행의 맨 뒤로 커서를 이동하면서 입력 모드로 전환합니다. 이후 쉼표를 입력하고 〈ESC〉를 눌러 입력 모드를 종료한 다음, p를 눌러 메일 주소를 붙여 넣습니다.

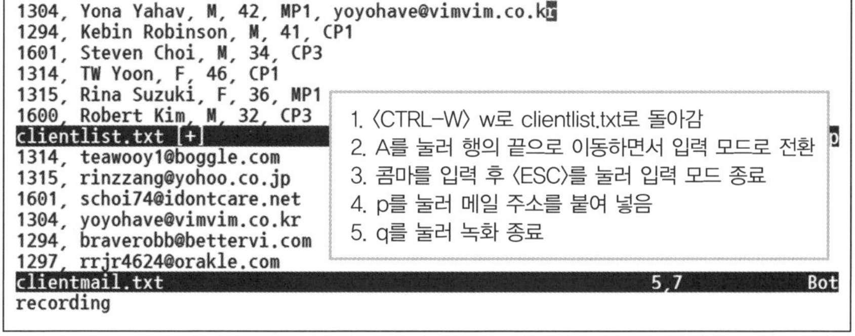

```
1304, Yona Yahav, M, 42, MP1, yoyohave@vimvim.co.kr
1294, Kebin Robinson, M, 41, CP1
1601, Steven Choi, M, 34, CP3
1314, TW Yoon, F, 46, CP1
1315, Rina Suzuki, F, 36, MP1
1600, Robert Kim, M, 32, CP3
clientlist.txt [+]
1314, teawooy1@boggle.com
1315, rinzzang@yohoo.co.jp
1601, schoi74@idontcare.net
1304, yoyohave@vimvim.co.kr
1294, braverobb@bettervi.com
1297, rrjr4624@orakle.com
clientmail.txt                                5,7         Bot
recording
```

1. 〈CTRL-W〉 w로 clientlist.txt로 돌아감
2. A를 눌러 행의 끝으로 이동하면서 입력 모드로 전환
3. 콤마를 입력 후 〈ESC〉를 눌러 입력 모드 종료
4. p를 눌러 메일 주소를 붙여 넣음
5. q를 눌러 녹화 종료

그림 7.6 **clientlist.txt에 메일 주소 붙여 넣기**

이렇게 해서 모든 기능이 순서대로 녹화되었습니다. 이제 q를 눌러서 녹화를 종료합니다. 녹화 종료시 하단의 recording 메시지가 사라지는지 꼭 확인하기 바랍니다.

7. 녹화된 내용 재생

녹화가 끝났으면 재생을 해보겠습니다. 녹화 과정에서 clientlist.txt의 1행에는 메일 주소가 추가되었으니, 2행부터 적용하면 됩니다.

2행에 커서를 위치시키고 @a라고 명령합니다. @은 녹화를 재생하는 명령이고, a는 녹화했던 레지스터의 이름입니다. 재생이 성공하면 순식간에 메일 주소가 입력되는 것을 볼 수 있을 겁니다. 혹시 제대로 작동하지 않는다면 조금 뒤에 살펴볼 녹화 내용 수정하기를 참고하기 바랍니다.

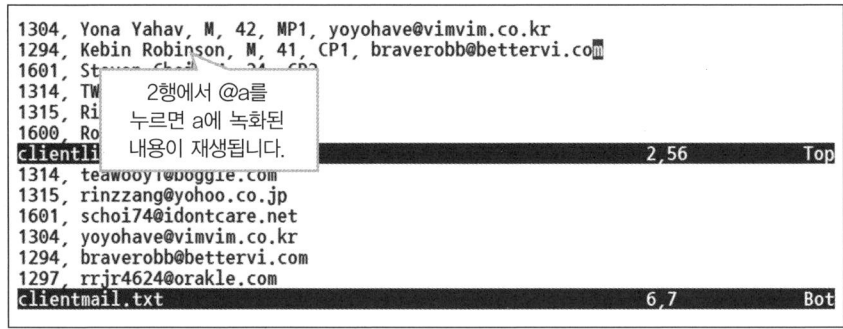

그림 7.7 **재생하기**

2행에서 재생이 잘 되었다면 이번에는 3행으로 이동해서 @@을 눌러 봅시다. 레지스터 이름을 지정하지 않아도 같은 내용이 반복되는 것을 알 수 있습니다. @@은 바로 이전에 실행했던 녹화 내용을 다시 실행하는 명령어입니다. 지금까지 살펴본 녹화와 재생 명령을 표 7.4에 정리해 보았습니다.

그런데, 표 7.4를 보면 q 명령과 함께 사용하는 매크로 이름에 영문 대문자가 들어 있습니다. 매크로 이름에는 영문 소문자만 사용하라고 했던 것 기억하시죠? 그림 표 7.4의 영문 대문자는 무엇일까요?

표 7.4 녹화와 재생 명령어

명령어	설명
q〈매크로 이름〉	녹화를 시작합니다. 매크로 이름은 {a-zA-Z} 중 선택해야 합니다.
@〈매크로 이름〉	매크로를 실행합니다. 매크로 이름은 {a-z} 중 선택해야 합니다.
@@	바로 이전에 실행된 매크로를 재실행합니다.

앞에서는 매크로 이름이 레지스터 이름과 같다고 설명했습니다. 따라서 지금 진행 중인 예제처럼 매크로 이름을 a라고 했으면, 녹화된 내용을 a 레지스터에서 확인할 수 있습니다.

대문자 이름은 바로 이 레지스터를 수정할 때 사용합니다. 즉, qA로 녹화를 시작하면 a 레지스터에 녹화된 내용에 새로 녹화하는 내용이 추가된다는 말입니다. 만약 a 레지스터에 녹화한 적이 없으면서 qA로 녹화를 시작한다면 qa 명령과 동일한 기능을 수행합니다.

8. 녹화 내용 확인하기

지금까지 녹화한 내용은 a 레지스터에 들어있기 때문에 :reg a로 내용을 볼 수 있습니다. 그림 7.8에 나타난 특수 키들의 경우 ^W는 〈CTRL-W〉이고 ^M은 엔터, ^[는 〈ESC〉를 의미합니다. 이렇게 Vim의 녹화 기능은 레지스터에 기록되기 때문에 언제든지 쉽게 확인하고 수정할 수 있습니다.

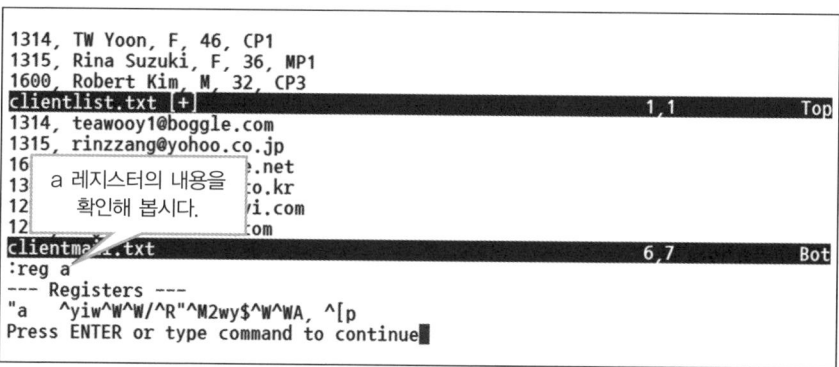

그림 7.8 a 레지스터에 녹화된 내용 확인

그러면 a 레지스터의 내용을 보면서 작업한 순서를 정리해 보겠습니다. 여러분이 작업한 내용이 다르다면 어디가 잘못되었는지도 비교할 수 있을 것입니다. 실제 a 레지스터에 기록된 부분은 1~13번까지의 내용입니다.

표 7.5 a 레지스터의 내용

순서	명령어	설명
0	qa	a 레지스터에 녹화를 시작합니다.
1	^	행의 맨 앞으로 이동합니다.
2	yiw	숫자 부분을 복사합니다.
3	CTRL-W CTRL-W	clientemail.txt 파일로 이동합니다.
4	/	검색 기능을 사용합니다.
5	CTRL-R"	최근에 복사한 레지스터를 검색어로 사용합니다.
6	〈ENTER〉	검색을 시작합니다.
7	2w	문장 부호를 두 개 뛰어 넘어 메일 주소 부분으로 이동합니다.
8	y$	메일 주소를 복사합니다.
9	CTRL-W CTRL-W	clientlist.txt 파일로 돌아갑니다.
10	A	행의 맨 끝으로 이동하면서 입력 모드로 변경합니다.
11	,	쉼표를 입력합니다.
12	〈ESC〉	입력 모드를 종료합니다(레지스터에는 ^[로 표시됩니다).
13	p	앞에서 복사한 메일 주소를 붙여넣습니다.
14	q	녹화를 종료합니다.

Note 녹화 기능을 실행하려다가 실수로 q:나 q/를 입력하면 이상한 창이 나타나는 것을 볼 수 있습니다. 여기서 q:는 명령행 모드의 과거 기록을, q/는 과거 검색어 목록을 보는 기능입니다. 이전에 실행했던 명령어나 검색어의 목록을 개별 창에서 보면서 선택할 수 있는 유용한 기능이므로 꼭 실습해보기 바랍니다. q:나 q/로 보이는 이력 창은 일반 창과 동일하게 작동하므로 필요가 없다면 :q로 닫으면 됩니다.

9. 범위를 지정하여 매크로 수행하기

그런데 이렇게 사용자가 각 행마다 수동으로 @a를 누르는 과정은 여전히 비효율적입니다. 예제는 십여 줄 정도의 짧은 텍스트라서 수동으로도 문제가 없지만, 수정할 파일이 수천 행 정도로 길다면 보통 고역이 아닐 겁니다. 그래서 이번에는 문서 전체를 한 번에 처리할 수 있는 방법을 알아보겠습니다. 우선 앞에서 수정했던 작업들을 취소하여 초기의 clientlist.txt를 만들어 둡니다. (참고로 취소 명령은 u입니다.)

이제 다음 명령을 사용하여, a 매크로를 문서 전체에 적용해보겠습니다.

```
:%normal! @a
```

여기서 %는 문서 전체를 의미하며, 1,$로 사용해도 동일합니다. 그 다음의 normal은 바로 뒤에 나오는 문자열을 일반 모드의 명령어로 인식하라는 뜻입니다(norm으로 축약할 수 있습니다).

```
1294, Kebin Robinson, M, 41, CP1, braverobb@bettervi.com
1601, Steven Choi, M, 34, CP3, schoi74@idontcare.net
1314, TW Yoon, F, 46, CP1, teawooy1@boggle.com
1315, Rina Suzuki, F, 36, MP1, rinzzang@yohoo.co.jp
1600, Robert Kim, M, 32, CP3, optiger22@ibn.com
1297, Rarry Robinson, M, 38, CP2, rrjr4624@orakle.com
clientlist.txt [+]                                    7,53          Bot
1314, teawooy1@boggle.com
1315, rinzzang@yohoo.co.jp
1601, schoi74@idontcare.net
1304, yoyohave@vimvim.co.kr
1294, braverobb@bettervi.com
1297, rrjr4624@orakle.com
clientmail.txt                                        7,7           Bot
```

그림 7.9 **자동화가 완료된 모습**

그런데, 이 명령어가 실행되다가 중간에 오류 상황을 만나면 어떻게 될까요? 원칙적으로 Vim은 명령어를 처리하다가 예외 상황이 발생하면 작업을 중지합니다. 이러한 예외 상황을 무시하고 문서 끝까지 작업을 진행하려면 !를 사용해야 합니다.

방금 살펴본 명령을 살짝 응용해 봅시다. clientlist.txt 파일에서 다음 명령을 내려봅니다.

```
:%normal! ^^X
```

^^X에서 첫 번째 ^는 일반 문자지만, 두 번째 ^X는 일반 문자가 아니라 〈CTRL-V〉 〈CTRL-X〉로 입력한 특수 문자입니다. 이 명령은 첫 번째 ^ 기호를 통해 행의 시작 부분으로 이동하며, ^X 명령을 통해 커서 아래의 숫자를 1씩 감소시킵니다. (4.4절에서 설명한 내용입니다.)

이 명령의 결과로 clientlist.txt의 맨 앞에 있는 모든 숫자는 1씩 감소합니다. 그러면 모든 숫자를 5씩 감소시키려면 어떻게 해야 할까요? 꼭 풀어보기 바랍니다.

10. 매크로 수정하기

그런데 clientlist.txt에 메일 주소를 추가할 때, 메일 주소 부분을 겹 따옴표로 감싸달라는 요청이 들어왔습니다. 이를 위해 매크로를 새로 녹화해야 할까요? 아닙니다. 더 좋은 방법이 있습니다. 기존에 녹화했던 a 매크로를 불러와서 수정하는 방법입니다.

우선 임시로 새로운 행을 하나 만들고 "ap 명령을 입력하면 그림 7.10과 같이 레지스터 a의 내용이 새 행에 입력됩니다.

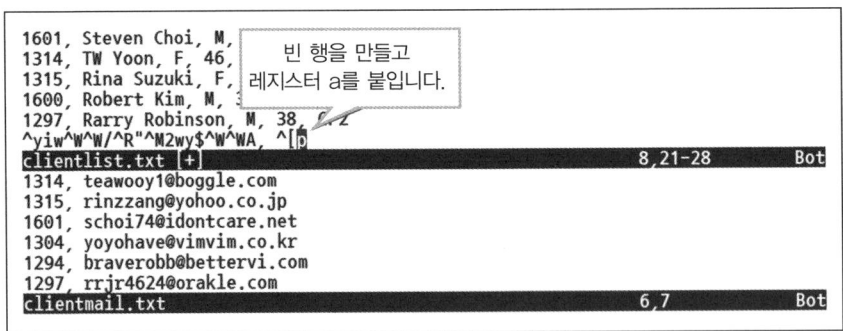

그림 7.10 녹화된 내용(a 레지스터)을 새로운 행에 붙여넣기

맨 끝에 있는 ^[p 부분을 주의해서 봅시다. ^[는 〈ESC〉를 나타내며 입력 모드를 종료한다는 의미입니다. 따라서 입력 모드를 종료하기 전에 겹 따옴표를 하나 끼워넣으면 되겠습니다. 또한, 행의 맨 뒤에도 겹 따옴표를 넣기 위해 입력 모드로 전환하는 a를 입력하고, 겹 따옴표를 입력한 후 〈ESC〉로 입력 모드를 종료하면 됩니다. 여기서 〈ESC〉는 특수 문자이기 때문에 〈CTRL-V〉 〈ESC〉로 입력해야 합니다.

수정이 끝났다면 레지스터 내용이 입력되어 있는 행의 맨 앞에서 "ay$라고 명령해서, 이 내용을 a 레지스터에 저장합니다. 그리고 작업하던 행은 dd로 지워버립시다.

a 레지스터에 제대로 내용이 들어갔는지 :reg a로 확인했을 때 그림 7.11처럼 보여야 합니다. 매크로가 잘 수정되었다면 :1,$normal! @a 명령어를 사용하여 문서 전체에 대해 매크로를 실행합니다. 이 결과는 그림 7.12에서 볼 수 있습니다.

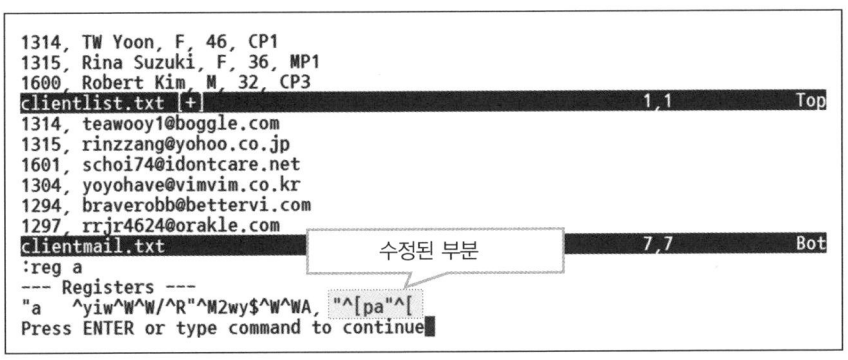

그림 7.11 수정된 내용을 a 레지스터에 복사한 후 확인

```
1294, Kebin Robinson, M, 41, CP1, "braverobb@bettervi.com"
1601, Steven Choi, M, 34, CP3, "schoi74@idontcare.net"
1314, TW Yoon, F, 46, CP1, "teawooy1@boggle.com"
1315, Rina Suzuki, F, 36, MP1, "rinzzang@yohoo.co.jp"
1600, Robert Kim, M, 32, CP3, "optiger22@ibn.com"
1297, Rarry Robinson, M, 38, CP2, "rrjr4624@orakle.com"
clientlist.txt [+]                                    7,55         Bot
1314, teawooy1@boggle.com
1315, rinzzang@yohoo.co.jp
1601, schoi74@idontcare.net
1304, yoyohave@vimvim.co.kr
1294, braverobb@bettervi.com
1297, rrjr4624@orakle.com
clientmail.txt                                        7,7          Bot
```

그림 7.12 겹 따옴표로 감싼 메일 주소

Tip 본문에서는 레지스터 전체를 불러오고 내용을 수정한 후, 수정된 내용 전체를 레지스터 a에 다시 입력했습니다. 하지만 레지스터의 맨 뒤에 내용을 추가하는 것과 같이 간단한 경우에는 대문자로 녹화를 하면 됩니다. 예를 들어 위와 같은 경우는 qA로 녹화하면 추가 모드로 녹화가 진행됩니다.

그러면 간단한 매크로에 대한 연습문제를 하나 풀어봅시다.

연습문제 7.3

현재 디렉터리에 있는 모든 *.txt 파일에서 '유닉스'라는 단어를 찾아서 '리눅

표 7.6 '유닉스'를 '리눅스'로 일괄 고치기

순서	명령어	설명
1	:n *.txt	현재 디렉터리의 *.txt 파일을 파일 목록에 등록합니다.
2	qb	b 레지스터에 녹화합니다.
3		유닉스를 리눅스로 바꿉니다. (에러 발생시 무시합니다.)
4		저장합니다.
5		다음 파일로 이동합니다.
6	q	녹화를 종료합니다.
7	999@b	b 레지스터를 999번 재생합니다. (현재 디렉터리의 *.txt 파일이 999개 미만이라고 가정합니다.)

스'로 바꾸는 기능을 녹화 기능을 이용해서 완성해 봅시다. 갑자기 하려면 힘드니까 어떻게 해야 하는지 명령어 순서를 적어두겠습니다. 여러분은 비어있는 3, 4, 5단계를 채워 넣으면 됩니다.

주의 사항이 하나 있는데, 유닉스란 단어가 하나도 등장하지 않는 텍스트 파일이 있다면 에러가 발생하여 매크로 실행이 즉시 중단된다는 점입니다. 이를 방지하기 위해서 교체 명령어에 에러를 무시하도록 플래그를 추가해야 합니다.

8장

Getting Started with Vim

프로그래머에게 유용한 기능

추가 요금 없이 난 자네에게 자연의 역사에 관한 많은 부분을 가르쳐 주겠네.

– 루이스 캐럴

Vim은 특별히 프로그래머들이 많이 사용하므로, 프로그래밍에 유용한 기능이 많이 제공됩니다. 그래서 이번 장에서는 프로그래밍에 유용한 기능 몇 가지를 소개하려 합니다. 다만 이 책의 범위를 벗어나지 않는 간단한 기능들만 살펴보겠습니다.

설명할 내용은 C, C++와 같이 블록화되어 있는 파일의 들여쓰기를 재정렬하는 기능, 탭 대신 공백을 사용하는 방법, 단어 완성 기능, 현재 소스코드를 HTML로 변환하는 기능입니다. 특히 탭 대신 공백을 쓰는 기능은 일반 환경에서도 종종 사용하기 때문에 알아두면 여러모로 쓸모가 있습니다.

표 8.1 8장에서 살펴볼 기능

살펴볼 기능	명령어
들여쓰기 재정렬	{visual block}=
탭 대신 공백 쓰기	set et, retab
단어 완성	〈CTRL-N〉, 〈CTRL-P〉
HTML로 변환하기	:TOhtml

8.1 들여쓰기 재정렬

프로그래머라면 코드를 작성할 때 들여쓰기를 하게 됩니다. 들여쓰기가 코드의 가독성을 높여주기 때문입니다. 예를 들어 그림 8.1은 들여쓰기가 전혀 되지 않은 경우인데 읽기가 매우 불편합니다.

Note 보안이나 다른 이유로 코드를 읽기 어렵게 만드는 난독화(obfuscation) 과정을 거치면 들여쓰기나 개행이 무시됩니다. 하지만 이는 특별한 경우이며 보통은 들여쓰기를 제대로 하는 것이 좋습니다.

```
t_now = time(0);
srand((unsigned int)t_now);
for (i=0; i<LOOP_ITERATION; i++) {
x = (double)rand() * rns;
y = (double)rand() * rns;
if (x*x + y*y < 1) {
hits++;
}
}
printf("pi = %f\n", 4*(double)hits/LOOP_ITERATION);
                                                        14,1        86%
```

그림 8.1 들여쓰기가 맞지 않은 코드

특히 인터넷 등의 외부 코드를 복사해서 붙여넣으면 들여쓰기가 엉망일 때가 많습니다. 어떤 경우에는 Vim의 자동 들여쓰기 기능 때문에 그림 8.2처럼 계단 현상이 나타나기도 합니다.

또, 다른 사람이 개발한 소스코드를 넘겨 받았는데 들여쓰기가 제대로 되지

```
    if (timer_create(CLOCK_REALTIME, &sigev, &rt_timer) == -1) {
            perror("FAIL: timer_create()");
            return -1;
        }
    rt_itspec.it_value.tv_sec = 2; /* timer expiration after 2.5 sec. */
        rt_itspec.it_value.tv_nsec = 500000000; /* 0.5 sec */
        rt_itspec.it_interval.tv_sec = 4; /* periodic timer with 4 se
c. */
        rt_itspec.it_interval.tv_nsec = 0;
            printf("Enable timer at %s.\n", GET_TIME0(ts_now));
            if ((timer_settime(rt_timer, 0, &rt_itspec, NULL)
== -1) {
                                            14,12-33      40%
```

그림 8.2 붙여넣기를 하다가 계단 현상이 나타난 경우

않는 파일이 수백 개에 달한다면, 이를 수정하는 데만도 며칠이 걸릴 겁니다.

이럴 때 Vim의 들여쓰기 재정렬 기능을 사용하면 순식간에 들여쓰기를 맞출 수 있습니다. 재정렬 기능은 다음과 같이 간단하게 실행할 수 있습니다.

=G

여기서 = 기호는 들여쓰기를 재정렬하는 명령이고, G는 재정렬을 적용할 범위를 나타냅니다. %, }},]] 등을 사용할 수도 있습니다. (범위를 지정하는 키는 6.2절에서 설명했습니다.)

재정렬 명령은 오퍼레이션 펜딩 모드로 작동하므로 범위를 지정해야만 작동합니다. 예를 들어 =100G라고 명령하면 현재 행부터 100번째 행까지만 들여쓰기가 재정렬 됩니다.

또한 비주얼 모드에서 재정렬을 적용할 범위를 선택한 후 = 키를 누르면, 선택한 범위에 대해서만 들여쓰기를 재정렬할 수 있습니다.

8.2 탭 대신 공백 사용하기

Vim에서 탭 문자는 tabstop 옵션에 따라 화면에서 공백의 개수를 다르게 표현합니다. 그러므로 협업 중 Vim 설정이 서로 다르거나, 아예 다른 편집기를 쓴다면 탭 크기가 달라 보여 불편할 수 있습니다.

탭 대신 공백 입력

앞에서와 같은 이유 때문에 몇몇 회사에서는 탭 대신 공백 문자 네 개를 쓴다든지 하는 코딩 규칙을 정하기도 합니다. 이런 경우를 대비해서 탭을 눌렀을 때 탭 대신 몇 개의 공백 문자를 넣는 :set expandtab 옵션이 제공됩니다. (줄여서 et라고 합니다.)

예를 들어 설정 파일에 set et ts=4로 설정되어 있다면 사용자가 탭을 누르는 순간 네 칸의 공백 문자가 입력됩니다.

Tip 진짜 탭 문자를 입력하고 싶다면?

expandtab 옵션이 설정된 상태에서 진짜 탭 문자를 입력하려면, 특수 문자를 입력할 때 썼던 〈CTRL-V〉를 사용하면 됩니다. 〈CTRL-V〉〈TAB〉 혹은 〈CTRL V〉〈CTRL-I〉로 입력하면 됩니다.

기존 탭 문자 ↔ 공백 변환

그러나 et 옵션은 새로 입력하는 탭만 공백으로 바꿀 뿐 기존의 탭 문자들은 건드리지 않습니다. 따라서 기존의 탭 문자들도 모두 공백으로 변환하거나 반대로 공백을 탭으로 변환하려면 :retab 명령을 사용해야 합니다. (줄여서 ret라고 합니다.)

retab 명령은 expandtab 옵션이 on 상태이면 탭을 공백으로 변환하고, off 상태면 공백을 탭으로 변환합니다. ret 명령의 형태는 다음과 같습니다.

    :[range]ret [new_ts]

여기서 new_ts는 연속된 공백 문자의 길이입니다. 만약 :ret 4라고 명령했다면 변환 대상은 공백 문자 네 칸이 됩니다. new_ts 옵션을 생략하면 tabstop 설정을 따릅니다.

예를 들어 다음과 같이 expandtab 옵션을 on 상태로 만들고 retab을 실행하면, 기존에 입력된 탭을 공백 네 칸으로 변환합니다.

```
:set et
:ret 4
```

또한 다음과 같이 expandtab 옵션을 off 상태로 만들고 retab을 실행하면, 공백 여덟 칸을 탭 하나로 변환합니다.

```
:set noet
:ret 8
```

단, ret 명령을 사용하여 공백을 탭으로 변환할 때, 공백 문자로만 구성된 부분은 사용자가 의도적으로 입력했다고 판단하여 변환하지 않습니다. 예를 들어 그림 8.3과 같은 경우, 행 중간의 공백은 사용자가 일부러 넣은 것으로 판단하여 탭으로 변환하지 않습니다.

```
    /* error */
}
/* name(15)         Sex(6)   due-date(15)    */
/* 123456789012345 | 123456 | 123456789012345 */
/* Sun-young Kim   | Male   | Sat Apr 29 2006 */
printf("12345678901    6   1   6     12345\n");
for (i=0; i<n_tuple; i++) {
    printf("      %15.s | %6.s | %15.s\n",
           p_tup->name, p_tup->sex, p_tup->due);
█
                                            38,2-5         19%
```

그림 8.3 **중간에 공백이 존재하는 행**

이를 무시하고 모든 공백을 탭으로 변환하고 싶다면 강제 명령어인 느낌표(!)를 붙여 다음처럼 명령해야 합니다.

```
:[range]ret! [new_ts]
```

Tip 프로그래밍을 하는 경우, 소스코드 좌측 부분의 들여쓰기에 대해서만 공백을 탭으로 변환하고 싶다면, ret 명령 대신 재정렬 기능(=)을 권장합니다.

그러면 이를 응용하여 C로 작성된 소스코드를 열면, 자동으로 탭을 공백으로 변환하게도 할 수 있을까요? 이는 7.2절에서 다뤘던 자동 명령인 autocmd를 사용하여, retab 명령을 vimrc 설정 파일에 추가해두면 됩니다. 결과는 코드 8.1 과 같습니다.

코드 8.1 C 언어 파일을 다룰 때 탭을 공백으로 자동 치환하는 명령

```
set et
au FileType         c         retab
```

8.3 단어 완성

프로그래밍을 하다보면 변수나 함수 혹은 메서드 이름에서 오타가 발생하기도 합니다. 이를 위해, 단어 완성(keyword completion) 기능이 도입되었습니다.

단어 자동 완성

단어 자동 완성은 본문에 이미 등장한 단어나 예약된 단어의 앞 글자 몇 개만 입력한 후 〈CTRL-N〉을 누르면 나머지를 완성시켜 주는 기능입니다. 입력 모드에서 작동하기 때문에, 코드 작성 중 모드를 바꿀 필요 없이 바로바로 사용할 수 있습니다.

다음 예제를 따라해보면 금방 이해할 수 있을 겁니다. 코드 8.2의 내용을 hellomonkey.c 파일에 저장해 봅시다.

코드 8.2 예제로 쓰일 hellomonkey.c 파일

```c
/* hellomonkey.c by sunyzero@gmail.com */
#include <stdio.h>
#include <stdlib.h>
int main()
{
    printf("Hello. Mr. monkey\n");
    return 0;
}
```

이제 파일의 어느 부분에서나 mo까지만 입력한 뒤 〈CTRL-N〉을 누르면

monkey로 완성되는 것을 볼 수 있습니다. 또한 in까지 입력한 뒤 〈CTRL-N〉을 누르면 include와 int 중 고를 수 있는 창이 나타납니다.

더하기 낱말 모드

그렇다면 코드 8.5의 1행에 있는 이메일 주소를 완성하기 위해서 su까지만 입력한 뒤 〈CTRL-N〉을 누르면 어떻게 될까요? 예상과는 다르게 sunyzero까지만 완성되고 @gmail.com은 완성되지 않습니다. 이는 @이 단어에 포함되지 않는 문장 부호라서 발생하는 문제입니다.

이런 경우를 대비하여 더하기 낱말 모드가 존재합니다. 일단 sunyzero까지 완성된 상태에서 〈CTRL-X〉〈CTRL-N〉을 눌러보면 sunyzero@gmail이 완성됩니다. 여기서, 비슷하지만 뒷부분이 다른 단어로 완성하고 싶다면 〈CTRL-N〉을 계속 누르면 됩니다. 이후, 다시 나머지 부분(.com)을 완성하려면 〈CTRL-X〉〈CTRL-N〉를 누르면 됩니다.

〈CTRL-X〉를 이용한 단어 완성 기능의 확장 모드는 방금 살펴본 더하기 낱말 모드 외에도, 사전 검색, 관련 용어(thesaurus) 검색, 파일 검색, 함수와 매크로 검색 등이 있습니다. 실제로 자주 사용되는 더하기 낱말 모드와 사전 검색 모드는 표 8.2에 정리해두었습니다. 특히 사전 검색 모드는 영단어 오타를 줄여 주기 때문에 많이 사용하는 편입니다. 나머지 기능들도 알고 싶다면 Vim의 도움말에서 ins-completion 항목을 참고하기 바랍니다.

표 8.2 단어 완성 기능의 확장 모드(입력 모드에서 사용)

명령어	설명
〈CTRL-X〉 〈CTRL-N〉	더하기 낱말 모드로 작동하여 추가 검색을 합니다. 원하는 낱말이 아닌 경우에는 〈CTRL-N〉을 계속 누르면 됩니다.
〈CTRL-X〉 〈CTRL-K〉 〈CTRL-N〉	사전 검색 모드로 작동합니다.

8.4 HTML 변환하기

소스코드를 웹에 게재했을 때 들여쓰기나 줄바꿈 모양이 망가지는 경우가 있습니다. 예를 들어 그림 8.4의 좌측에 있는 C 언어 코드를 웹 게시판에 게시하면 오른쪽 화면처럼 엉망으로 출력됩니다.

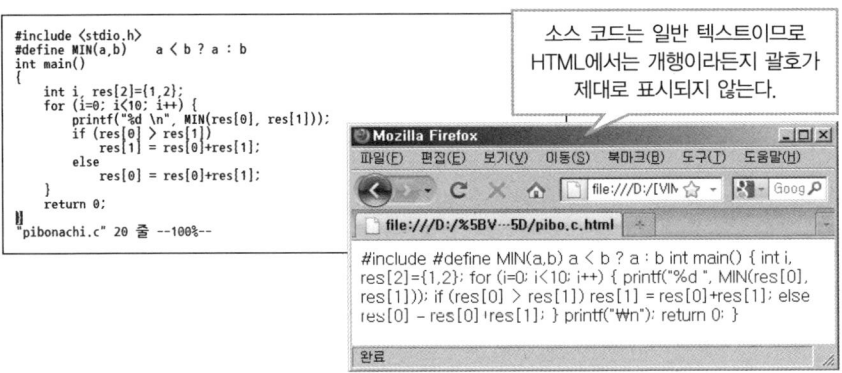

그림 8.4 **프로그래밍 소스코드의 HTML 표시 문제**

구체적으로 보면 일단 1행의 #include 다음에 〈stdio.h〉가 보이지 않습니다. 이는 HTML에서 꺾쇠 문자(〈, 〉)를 태그 문자로 인식하여 본문에 표시하지 않기 때문입니다. 꺾쇠를 나타내고 싶다면 왼쪽 꺾쇠(〈)는 <로, 오른쪽 꺾쇠(〉)는 >로 입력해야 합니다.

또한, 모든 행이 한 줄에 붙어서 나오고 있습니다. 탭으로 들여쓰기한 부분도 전부 무시되고 있습니다. 이런 점은 HTML의 특징으로서 HTML은 줄바꿈이 필요하다면 〈BR〉 태그를 넣어야 합니다. 그리고 HTML에서는 연속된 공백을 무조건 공백 하나로 인식하므로, 여러 개의 공백을 넣고 싶다면 공백 하나당 를 넣어야 합니다.

이렇게, 웹에 프로그래밍 소스코드를 게시하려면 많은 부분을 수정해야 하는데, 간단한 코드라면 직접 수정해도 되겠지만 코드가 길어지면 이 작업도 만만치 않습니다. 그래서 Vim에는 현재 화면에 보이는 상태를 HTML로 변환하는 기능이 탑재되어 있습니다. 이 기능을 사용하기 위해 앞서 연습했던 소스코드 파일을 하나 열고 :TOhtml 명령을 입력해 봅시다.

명령이 실행되면 그림 8.5와 같이 창이 분할되면서 .html 확장자를 붙인 새로운 버퍼(파일)가 만들어 집니다. 버퍼의 HTML을 보면 현재 사용하는 색상 테마까지 재현된 것을 볼 수 있습니다. (책에서는 컬러가 제대로 보이지 않을 수 있습니다.)

생성된 HTML에는 〈head〉나 〈body〉 등 HTML 문서에 필요한 모든 뼈대가 포함되어 있으므로, 코드만 다른 곳에 붙이고 싶다면 〈body〉 태그부터 〈/body〉 태그 앞까지만 복사하기 바랍니다.

```
<title>~/work/vim/pibonachi.c.html</title>
<meta name="Generator" content="Vim/7.2">
<meta http-equiv="content-type" content="text/html; charset=UTF-8">
</head>
<body bgcolor="#000000" text="#ffffff"><font face="monospace">
<font color="#ff6060"><b>#include </b></font><font color="#00ffff">&lt;stdio.h
&gt;</font><br>
@
pibonachi.c.html [+]                                         4,1          16%
#include <stdio.h>
#define MIN(a,b)    a < b ? a : b
int main()
{
    int i, res[2]={1,2};
    for (i=0; i<10; i++) {
        printf("%d \n", MIN(res[0], res[1]));
pibonachi.c [+]                                              1,1          꼭대기
```

그림 8.5 : TOhtml 명령으로 생성된 HTML 코드 창

9장

Getting Started with Vim

플러그인

> 태양 아래 새로운 것은 없나니
>
> – 솔로몬

이번 장에서는 Vim에서 사용할 수 있는 유용한 플러그인을 몇 가지 소개하려고 합니다. 여러분은 이미 플러그인을 사용해 본 적이 있습니다. 5장에서는 디렉터리 탐색기인 netrw 플러그인을 사용했고, 8장에서는 HTML 변환 기능인 TOhtml을 살펴보았습니다. 이들은 Vim에 내장된 플러그인으로 별다른 설치 과정이 없이 사용할 수 있습니다. 하지만 이제부터 설명할 플러그인은 사용자가 수동으로 설치해야 합니다. 물론 설치 방법은 그리 어렵지 않습니다.

다만 여기서는 플러그인의 간단한 소개와 사용 예만 조금 다루고 자세한 설명은 하지 않습니다. 이는 대다수 플러그인의 기능이 복잡하지 않기 때문입니다. 이 책에서 설명한 플러그인에 대한 자세한 내용은 플러그인에 포함된 도움말 파일을 참고하기 바랍니다.

Note Vim은 스크립트 언어가 내장되어 있기 때문에, 사용자도 플러그인을 제작할 수 있습니다. 하지만 플러그인 제작 방법은 이 책의 범위를 벗어나며, 사실 이미 있는 플러그인들만 잘 검색해도 원하는 기능을 대부분 찾을 수 있습니다.

9.1 플러그인 설치

Vim 플러그인은 대부분 압축 파일로 제공됩니다. 따라서 사용자가 플러그인 파일을 특정 디렉터리에 넣어 주어야만 합니다. 각 운영체제에 따라 플러그인을 넣을 디렉터리 위치를 표 9.1에 정리해 두었습니다.

표 9.1 플러그인을 저장할 디렉터리

운영체제	디렉터리
유닉스/리눅스	
맥 OS X	~/.vim 디렉터리
윈도 계열	~/vimfiles 디렉터리
매킨토시	$VIM:vimfiles 디렉터리

표를 보고서도 플러그인을 저장할 디렉터리를 모르겠다면, Vim을 실행한 후 :e ~/ 명령으로 홈 디렉터리를 열어서 경로를 확인해 보기 바랍니다. 예를 들어 윈도 XP에서 Vim을 실행한 후 :e ~/ 명령을 내리면 'C:\Documents and Settings\자신의 ID' 폴더가 열릴 것입니다. 따라서 이 폴더에 vimfiles라는 하위 디렉터리를 만들고, 플러그인을 저장하면 됩니다.

이제 플러그인을 저장할 디렉터리도 알았으니 플러그인을 다운로드해서 설치해 보겠습니다. Vim 웹사이트(http://www.vim.org)에 접속하여 왼쪽 메뉴의 Scripts 항목에 들어가면 플러그인을 검색할 수 있습니다. 여기서 다운로드 횟수로 정렬해보면 어느 플러그인이 인기가 많은지 볼 수 있습니다.

이 중에서 The NERD tree 플러그인을 설치해 보겠습니다. 우선은 압축 파일을 다운로드한 뒤 표 9.1에서 지정한 디렉터리에 풀어 넣습니다. 유닉스, 리눅스 계열에서 zip으로 압축된 파일은 unzip으로 풀 수 있고, tar.gz으로 압축된 경우에는 풀고자 하는 디렉터리로 이동한 뒤에 gzip -cd 압축파일 | tar x 명령으로 풀면 됩니다.

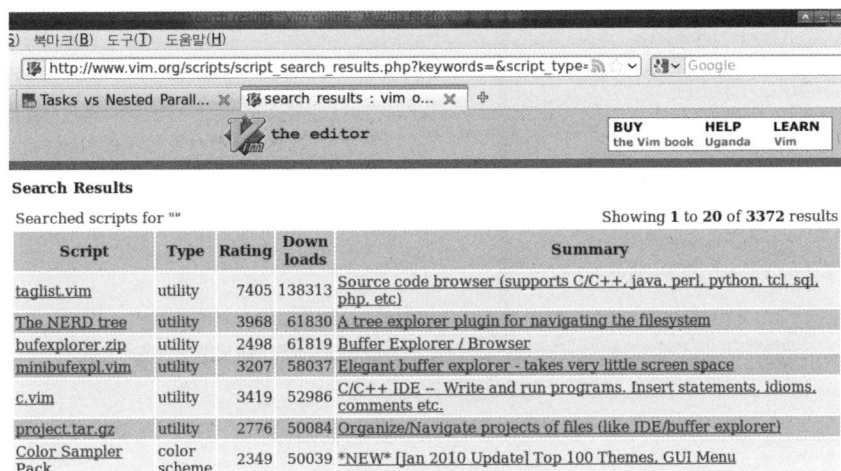

그림 9.1 Vim 스크립트 다운로드 횟수로 정렬한 화면

```
[linuxer@dev .vim]$ pwd
/home/linuxer/.vim
[linuxer@dev .vim]$ ls
NERD_tree.zip
[linuxer@dev .vim]$ unzip NERD_tree.zip
Archive:  NERD_tree.zip
  inflating: doc/NERD_tree.txt
  inflating: nerdtree_plugin/exec_menuitem.vim
  inflating: nerdtree_plugin/fs_menu.vim
  inflating: plugin/NERD_tree.vim
[linuxer@dev .vim]$
```

그림 9.2 NERD tree 플러그인 설치(리눅스)

Note 그림 9.2의 압축 해제 메시지를 보면, doc 디렉터리에 문서 파일(NERD_tree.txt)이 설치되는 것을 확인할 수 있습니다. 이렇듯 Vim 플러그인은 doc 디렉터리에 도움말 문서가 설치되며, 이 문서에서 자세한 사용 방법을 확인할 수 있습니다.

이제, NERD tree 플러그인이 정상적으로 작동되는지 확인해 보겠습니다. Vim을 실행하여 :NERDtree라고 명령합니다. Vim에는 명령어 완성 기능이 있으니 NER까지만 입력하고 탭을 누르면 나머지는 알아서 완성될 것입니다.

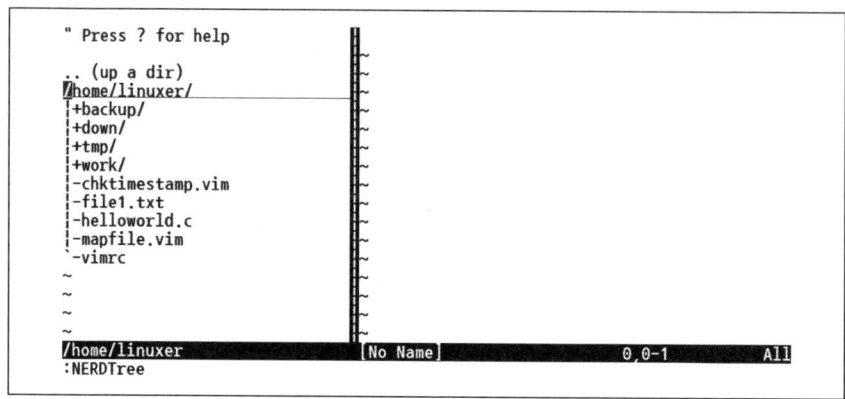

그림 9.3 NERD tree 플러그인 실행

NERD tree 플러그인의 자세한 기능은 조금 뒤에 살펴보겠습니다. 이 책에서 사용한 플러그인은 Vim 웹 사이트에서 쉽게 찾을 수 있습니다.

9.2 NERD tree

NERD tree는 vim 초보자도 쉽게 사용할 수 있는 직관적인 디렉터리 탐색기입

표 9.2 NERD tree 명령어

명령어	설명
:NERDTree [path]	디렉터리를 열어서 보여줍니다. path를 생략하면 현재 디렉터리를 열어줍니다.
:NERDTreeClose	NERD tree 창을 닫습니다.
:NERDTreeFind	현재 열고 있는 파일이 트리의 어디에 있는지 보여줍니다.

```
~
~
~
:NERD
NERDTree          NERDTreeFind           NERDTreeMirror
NERDTreeClose     NERDTreeFromBookmark   NERDTreeToggle
:NERD
```

그림 9.4 NERD까지 입력한 후 〈CTRL-D〉를 눌러 검색한 모습

니다. 주요 명령어는 표 9.2와 같습니다. 모든 명령은 자동 완성 기능이 지원되므로 잘 모른다면 탭 키를 이용하거나 명령행의 검색 기능인 〈CTRL-D〉를 사용해도 됩니다.

:NERDtree 명령으로 탐색기를 실행한 뒤에는 물음표(?)를 눌러서 빠른 도움말을 볼 수 있습니다.

빠른 도움말에는 그림 9.5와 같이 탐색에 사용되는 단축키들이 설명됩니다. 주요 단축키는 표 9.3에 정리해 두었습니다.

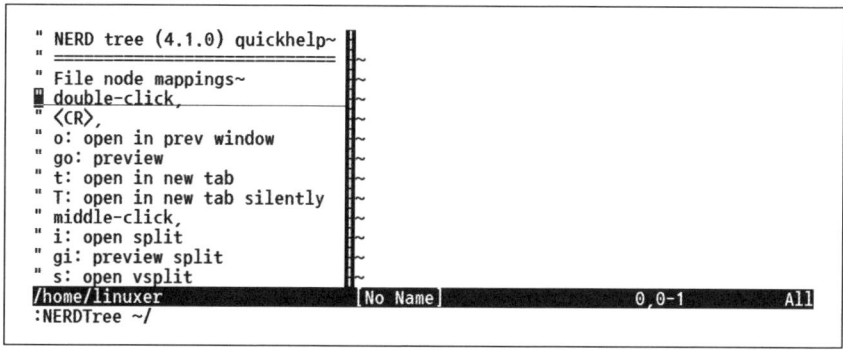

그림 9.5 NERD tree의 빠른 도움말

표 9.3 NERD tree의 주요 브라우징 단축키

명령어	설명
〈CR〉, o	CR은 엔터를 의미하며 디렉터리인 경우는 이동하고, 파일인 경우는 열어줍니다. 열려 있는 노드인 경우는 닫습니다.
t	파일을 새로운 탭에 열어줍니다.
T	파일을 새로운 탭에 백그라운드로 열어줍니다.
x	현재 선택된 노드를 닫고 상위 노드로 이동합니다.
X	현재 선택된 노드를 포함하여 하위 노드를 모두 닫습니다.
e	선택된 노드를 새 창에서 열어 줍니다.

9.3 snipMate

snipMate는 프로그래밍할 때 주로 사용하는 골격을 자동으로 입력해주는 플러그인입니다. 예를 들어 HTML 편집시에 짧은 예약어를 입력하면 자동으로 태그 구조를 만들어 준다든지, C/C++ 언어에서 for 문의 구조를 빠르게 완성해주는 기능입니다. 이 기능을 이용하기 위해서는 앞서 살펴봤듯이 압축 파일을 플러그인 디렉터리에 풀어 넣으면 됩니다.

이제, hellovim.html이라는 새 파일을 Vim에서 열어보겠습니다. 빈 파일에서 html을 입력한 뒤 〈Tab〉을 누르면 골격이 만들어집니다.

마찬가지로 head를 누른 후 〈Tab〉을 눌러보면 골격을 만들어 주는데, 약간 다른 점은, title 태그의 내용이 반전되어 있고 화면 아래에는 '– SELECT –'라는 표시가 나타난다는 것입니다. 이를 통해 색상이 반전된 부분을 사용자가 즉시 수정하거나 기본값으로 둘 수 있습니다. 만일 수정을 하려면 다른 문자를 입력하고, 수정하지 않으려면 〈Tab〉을 누르면 됩니다. 다음으로는 body를 입력하고 〈Tab〉을 눌러서 전체적인 골격을 완성합니다.

이제 body 안에서 table을 입력하고 탭을 눌러보면 그림 9.6과 같은 골격을 볼 수 있습니다. 여기서 〈Tab〉이나 〈Shift-Tab〉을 눌러보면 골격을 제외한 나머지 부분이 돌아가며 반전 상태로 표시됩니다.

```
<html>
<head>
    <meta http-equiv="content-type" content="text/html; charset=utf-8">
    <title>Hellovim</title>
</head>
<body>
    <table border="0">
        <tr><th>Header</th></tr>
        <tr><th>Data</th></tr>
    </table>
</body>
</html>
-- SELECT --                                            9,17-20      All
```

그림 9.6 snipMate를 이용한 HTML의 골격 완성

예약어 목록 보기

그러면 이렇게 자동 완성되는 예약어 목록은 어떻게 확인할 수 있을까요? snipMate 플러그인을 설치한 디렉터리에는 snippets라는 디렉터리가 존재하는데, 이 안에는 각 언어별 예약어 설정 파일이 있습니다.

예를 들어 HTML의 예약어 목록은 html.snippets 파일에서 확인할 수 있습니다(그림 9.7). html.snippets 파일에 snippet nbs 명령이 보이는데, 이는 nbs를 입력하면 다음 행에 보이는 로 대체한다는 뜻입니다.

사용자에 따라 원하는 예약어를 예약어 설정 파일에 추가하여 사용할 수도 있습니다.

```
# Some useful Unicode entities
# Non-Breaking Space
snippet nbs
     
# ←
snippet left
    &#x2190;
# →
snippet right
    &#x2192;
".vim/snippets/html.snippets" 190 lines --0%--          1,1          Top
```

그림 9.7 HTML의 snipMate 설정 (html.snippets 파일)

9.4 matchIt

matchIt은 HTML이나 XML 같은 태그 형식 파일에서, 태그의 짝을 찾아주는 플러그인입니다. 이 플러그인이 사용하는 키는 괄호의 짝을 찾아주는 %입니다. 즉 % 키의 확장 기능이라고 기억해 두면 되겠습니다.

예를 들어 그림 9.8과 같은 파일이 있을 때 〈head〉 태그에 커서를 두고 %를 누르면 즉시 〈/head〉 태그로 이동하는 것을 볼 수 있습니다. 이 기능을 이용하면 태그가 복잡하게 얽혀 있을 때도 서로의 짝을 쉽게 찾을 수 있습니다.

```
<html>
<head>      태그 이름에 커서를 위치하고
     <me   %를 누르면 태그 짝을 찾는다   content="text/html; charset=utf-8">
   <title>Index</title>
</head>
<body>

</body>
</html>
"index.html" [Modified][New file] 10 lines --20%--          2,3          All
```

그림 9.8 matchIt의 태그 짝 찾기

9.5 tagList

tagList는 프로그래머들에게 사랑받는 플러그인으로서 소스코드를 분석하여 변수, 매크로, 함수의 목록을 만들어줍니다. 따라서 소스코드의 구조를 쉽게 파악할 수 있습니다. 예를 들어 현재 디렉터리에 있는 *.c 파일을 분석하려면 다음 명령을 순서대로 입력하면 됩니다.

    :TlistAddFiles *.c
    :TlistToggle

첫째 명령은 *.c 파일을 읽어들이라는 명령이고, 둘째 명령은 태그 창을 열거나 닫는 명령입니다. 처음에는 태그 창이 열려있지 않으니 창이 열릴 것입니다. 태그 창에는 그림 9.9처럼 파일별로 매크로, 변수, 함수의 목록이 나타납니다. (태그 창 토글 명령을 단축키로 등록시켜 두면 편리합니다.)

각 태그에서 엔터를 치면 즉시 해당 태그로 이동하여 편집할 수 있고, 태그에서 스페이스바를 누르면 변수나 함수의 선언 부분을 볼 수도 있습니다. 또한 <F1>을 누르면 즉시 도움말을 보여주므로 기능 키를 보기가 편리합니다.

tagList는 그래픽 환경에 비하면 투박하지만, 분석 속도가 빠르고 분석 결과도 좋기 때문에 여러 파일을 다루며 작업하는 환경에서는 꼭 한번 써보기를 권장합니다. 이 외에 자세한 내용은 doc 디렉터리 아래에 있는 tagList.txt 파일을 읽어보기 바랍니다.

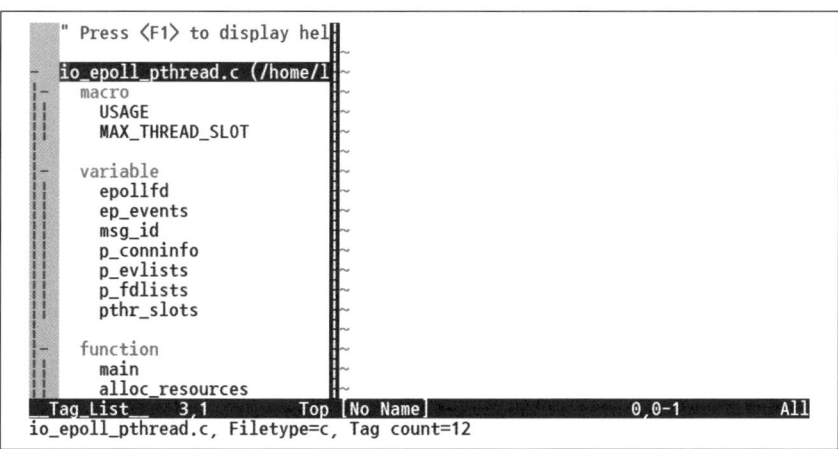

그림 9.9 태그 창의 모습

자, 이렇게 해서 Vim의 기초는 모두 배웠다고 할 수 있습니다. 여기까지 수고 많으셨습니다. 이제 책을 벗어나 좀더 다양한 기능들을 배워보기 바랍니다. (참고할만한 웹사이트의 주소는 xii쪽 '지은이의 글'에 있습니다.) 그러다가 비법을 터득했다면 혼자서만 간직하지 말고, 여러 사람과 나누면 더 발전한다는 GNU 정신을 기억해주시면 좋겠습니다.

부록 A

Getting Started with **Vim**

연습문제 답안

A.1 4장 연습문제

4.1 URL을 앵커 태그로 둘러싸는 정규 표현식

    :%s,\(http://[a-zA-Z0-9._@%&=:?/-]\+\),<a href="\1">\1</a>,g

A.2 7장 연습문제

7.1 〈F3〉으로 현재 디렉터리 탐색하기

    nmap <F3> :e .<CR>

7.2 〈CTRL-L〉로 〈ESC〉q/를 실행하기

    nmap <C-L> <ESC>q/
    imap <C-L> <ESC>q/

7.3 스왑 파일 존재에 따라 자동 실행

    au SwapExists *.txt   :let v:swapchoice = 'o'
    au SwapExists *.[ch] :let v:swapchoice = 'q'

7.4 '유닉스'를 찾아 '리눅스'로 변환하기

명령어	설명
:n *.txt	현재 디렉터리의 *.txt 파일을 파일 목록에 등록합니다.
qb	b번 매크로로 녹화합니다.
:s/UNIX/Linux/ge	'유닉스'를 '리눅스'로 바꿉니다. (에러 발생시 무시하도록 합니다.)
:w	저장합니다.
:n	다음 파일로 이동합니다.
q	레코딩을 종료합니다.
999@b	b번 매크로를 999번 재생합니다.

부록 B

Getting Started with **Vim**

Vim 설정 파일 예제

코드 B.1은 본문에서 설명한 기능들을 적용한 .vimrc 설정 예제 파일입니다. 각 설정이 궁금하다면, 해당 장을 찾아보기 바랍니다.

코드 B.1 **본문에서 사용된 .vimrc 설정 파일**

```
" vim runtime configuration file
" Chaper 3
set ai cindent
set ts=4 sw=4
colo slate
" Chaper 5
set fencs=ucs-bom,utf-8,korea
set path+=~/work,~/project
" Chaper 6
ab   내멜      sunyzero@gmail.com
ab   Prjsrc   /export/2/local/pjR2/mds/1.294/src
ia   시간0    <C-R>=strftime("%Y.%m.%d-%H:%M:%S")<CR>
ia   시간1    <C-R>=strftime("%c")<CR>
ca   ㅈ       w
ca   ㅈㅂ     wq
" Chapter 7
nmap <F2>    :w<CR>
imap <C-D>   <C-R>=strftime("%Y.%m.%d-%H:%M:%S")<CR>
vmap <C-C>   y
autocmd BufRead,BufNewFile *.txt   colo evening
autocmd BufRead,BufNewFile *.java colo morning|set ts=2 sw=2
au   SwapExists *  :let v:swapchoice = 'o'
```

```
au FileType cpp    colo slate
augroup UserDefinedColorScheme
    au!
    au FileType sh,perl,python,ruby    colo shine
    au FileType c,cpp    colo slate
    au BufRead,BufNewFile *.txt        setfiletype text
    au FileType text    colo evening
augroup END
" Chapter 8
set et
au FileType             c       retab
```

부록 C

Getting Started with **Vim**

정규 표현식

여기서는 간단하게 POSIX 표준 정규 표현식을 설명하도록 하겠습니다. 그리고 POSIX 표준 정규 표현식에 익숙해준 뒤에는 더 많은 기능을 가진 펄(Perl) 확장 정규 표현식인 PCRE(Perl Compatible Regular Expression)도 배워두면 좋습니다. PCRE는 대부분의 언어에서 라이브러리를 제공하므로 확장성도 뛰어납니다.

표 C.1 정규 표현식의 메타 문자들

문자 지정	.	임의의 문자 하나를 의미합니다.
반복 지정	?	문자 패턴이 0개 혹은 1개 나타납니다.
	+	문자 패턴이 1개 이상 반복됩니다.
	*	문자 패턴이 0개 이상 반복됩니다.
	{...}	(interval) 반복수를 직접 지정할 수 있습니다. 예를 들어 {3} : 세 번 반복 {,7} : 일곱 번 이하 반복 {2,5} : 두 번 이상, 다섯 번 이하 반복
위치 지정	^	행의 맨 앞을 의미합니다.
	$	행의 맨 끝을 의미합니다.
그룹 지정	[...]	대괄호 안에 지정된 문자 중 한 문자를 지정합니다.
	[^...]	대괄호 안에 지정된 문자를 제외한 나머지(여집합)를 지정합니다.

표 C.1 정규 표현식의 메타 문자들(계속)

기타	\	메타 문자를 이스케이프(escape)합니다.
	|	OR 연산을 합니다(alternation).
	( )	패턴을 그룹화하거나 백레퍼런스로 작동합니다.

POSIX 표준 정규 표현식은 문자, 반복, 위치, 범위, 기호의 메타 문자로 구성되며, 기본 패턴은 표 C.1과 같이 다섯 개 그룹으로 나눌 수 있습니다.

문자 지정 그룹

메타 문자에서 마침표(.)는 임의의 문자 하나를 의미합니다. 영문자나 숫자, 기호 등 어느 것이든 하나의 문자와 일치합니다. 따라서 t...k처럼 작성하면, t와 k 사이에 임의의 문자 세 개가 들어있는 단어(think나 thick 등)가 매칭됩니다.

반복 지정 패턴

반복을 지정하는 메타 문자(?, +, *, {...})는 바로 앞에 있는 문자나 패턴의 반복수를 지정합니다.

?는 바로 앞의 문자에 대해 0개 혹은 1개와 일치합니다. 예를 들어 a?b라고 하면 ? 앞에 있는 a가 있거나 없다는 뜻입니다. 따라서 a?b는 b 혹은 ab와 매칭됩니다. 만일 a.?s가 되면 a 다음에 임의의 문자(.)가 0개 혹은 1개 나오고 그 뒤에 s가 있는 문자(as, abs, ats 등)와 매칭됩니다.

+는 바로 앞의 문자에 대해 1개 이상과 일치하며, *는 바로 앞의 문자에 대해 0개 이상과 일치합니다. 예를 들어 a+b라고 하면 a가 하나 이상 앞에 나오고, b가 뒤따르는 문자(ab, aab, aaab 등)와 일치하며, a*b라고 하면 a가 0개 이상 앞에 나오고 b가 뒤따르는 문자(b, ab, aab 등)와 일치합니다.

마지막으로 사용자가 임의의 반복수를 지정할 수 있는 메타 문자는 중괄호({})로 감싸서 표시합니다. 중괄호 안에는 최소, 최대 반복수를 지정할 수 있는데, 예를 들어 {2,5}라고 하면 바로 앞의 문자가 최소 2번 이상, 최대 5번 이하 반복된다는 의미입니다. 반복수 중에 앞부분을 생략하여 {,5}라고 하면 0번 이상, 다섯 번 이하라는 의미이고, 뒷부분을 생략하여 {2,}라고 하면 최대 반복에 제한이 없다는 의미입니다. 따라서 0개 혹은 1개와 일치하는 ?는 {0,1}로 쓸 수 있고, 1개 이상을 의미하는 +는 {1,}로 쓸 수 있습니다. 또, 0개 이상을 의미하는 *는 {0,}와 같습니다.

> **Note** a*같은 표현식을 만날 때
> 단독으로 a*나 [0-9]* 같이 표현식을 작성하는 경우를 종종 보게 되는데, 이는 모든 문자와 일치하므로 잘못된 표현식이라 할 수 있습니다. 따라서 * 기호 앞에 문자가 하나만 있는 표현식이라면 잘못 작성했다고 판단하면 됩니다.
> 이런 경우에는 * 대신 +를 사용하는 편이 좀더 정확한 표현식을 작성할 수 있습니다.

위치 지정 패턴

위치를 지정하는 기호는 ^과 $입니다. 일반적으로 ^는 행의 시작을 의미하고, $는 행의 끝을 의미합니다. 예를 들어 ^abc라고 하면 행의 시작 부분에 있는 abc와 일치하고, boy$라고 하면 행의 끝 부분에 있는 boy와 일치합니다. 이를 응용하여 ^$라고 하면, 행의 시작과 끝 사이에 아무것도 없는 행, 즉 비어있는 행과 일치합니다.

여기서는 행 단위에 국한되었지만 가끔 ^, $가 특정 스트림의 맨 앞과 맨 끝을 의미하기도 합니다. Vim에서 파일의 전체를 가리킬 때 :%과 함께 :1,$도 사용했음을 기억하기 바랍니다.

그룹 지정 패턴

그룹을 지정하는 패턴은 [...]와 [^...]로 구분할 수 있습니다. [...]는 괄호 안에 지정된 문자 중 하나와 일치한다는 의미입니다. 반대로 [^...]는 괄호 안에 지정된 문자를 제외한 나머지 문자와 일치한다는 의미입니다. 예를 들어 [abc]는 a, b, c 중 하나를 의미합니다.

여기에 범위를 적용할 수도 있습니다. [a-z]는 알파벳 소문자(a부터 z까지)를 의미하고, [0-9]는 숫자(0부터 9)를 의미합니다. 복합적인 범위를 적용하여 [a-zA-Z0-9]처럼 알파벳 대소문자와 숫자 중 하나를 지정할 수도 있습니다.

그룹 패턴은 종종 반복 지정 패턴과 함께 나타나기도 합니다. 예를 들어 [a-zA-Z]+는 하나 이상(+)의 대소문자 알파벳([a-zA-Z])과 일치한다는 의미입니다.

이스케이프

이스케이프(escape)는 백슬래시(\, 한글 자판의 ₩)로 표현되며, 메타 문자의 의미를 없애주는 역할을 합니다. 반복 지정 패턴인 * 문자 앞에 백슬래시를 붙이면 반복의 의미가 사라지고, 그냥 * 문자 자체와 일치합니다. 이를 '이스케이프한다'고 합니다.

얼터네이션

얼터네이션(alternation)은 |(수직선)으로 표현되며 OR 연산을 의미합니다. 얼터네이션은 대부분 중괄호 기호와 함께 사용됩니다. 예를 들어 (a|b)c라고 하면 a나 b 중 하나로 시작하며 뒤이어 c가 나타나는 문자(ac, bc)와 일치합니다.

단 중괄호에는 다음에 살펴볼 백레퍼런스(back reference)의 의미도 있다는 점을 주의하기 바랍니다.

그룹 지정과 백레퍼런스(/)

그룹(grouping)이나 백레퍼런스(back-reference)를 지정할 때는 중괄호가 사용됩니다. 백레퍼런스는 정규 표현식으로 매칭된 결과 값을 저장해두었다가 변수처럼 사용할 수 있는 기능입니다. 이에 대해서는 4.3절 '문자열 교체하기'에서 살펴보았습니다.

문자 클래스

POSIX 정규 표현식에서는 편의를 위해 주로 사용하는 몇몇 문자 그룹을 표

C.2와 같이 미리 정의해 두었습니다. (사용자가 그룹 지정 패턴으로 직접 만들 수도 있습니다.)

표 C.2 POSIX 표준 정규 표현식의 문자 클래스

[[:alnum:]]	알파벳과 숫자
[[:alpha:]]	알파벳 대소문자
[[:blank:]]	탭(\t)
[[:cntrl:]]	제어 문자
[[:digit:]]	숫자
[[:xdigit:]]	16진수(hex)형 숫자, 즉 [0-9a-fA-F]
[[:upper:]]	알파벳 대문자
[[:lower:]]	알파벳 소문자
[[:space:]]	탭(\t), CR(\r), LF(\n)
[[:print:]]	출력 가능한 문자
[[:graph:]]	공백을 제외한 문자
[[:punct:]]	출력 가능한 특수 문자

이들 중 alnum, alpha, digit, xdigit이 주로 사용됩니다.

이상으로 정규 표현식에 대해 간단히 살펴보았습니다. 더 자세히 알고 싶다면 관련 서적을 참고하기 바랍니다.

부록 D

Getting Started with **Vim**

주요 명령어와 단축키

D.1 일반 모드

모드 전환 관련 명령(2장)

a	append, 현재 커서 위치에서 한 칸 뒤로 이동하면서 입력 모드로 전환
A	현재 커서가 위치한 행의 맨 끝으로 이동하면서 입력 모드로 전환
i	insert, 현재 커서 위치에서 입력 모드로 전환
I	현재 커서가 위치한 행의 맨 앞으로 이동하면서 입력 모드로 전환
o	open line, 현재 커서가 위치한 행의 아래에 빈 행을 만들고 입력 모드로 전환
O	현재 커서가 위치한 행의 위에 빈 행을 만들고 입력 모드로 전환
:	명령행 모드로 전환
⟨ESC⟩	현재 모드를 취소하고 일반 모드로 복귀

커서 이동 관련 명령(2장, 6장)

h, j, k, l	좌하상우로 이동
⟨CTRL-F⟩	아래로 페이지 스크롤
⟨CTRL-B⟩	위로 페이지 스크롤
%	가장 가까운 괄호 짝으로 이동
^	현재 행의 앞으로 이동 (공백을 제외한 부분)
$	현재 행의 끝으로 이동
w, e, b	단어 단위로 이동
W, E, B	의미를 파악하며 단어 단위로 이동

복사/삭제/붙이기 관련 명령(2장)

x	문자 하나 삭제
J	현재 행의 개행 문자 삭제(아래 행이 딸려 올라옴)
y{motion}	복사
yy	현재 행 복사
d{motion}	삭제(잘라내기)
dd	현재 행 삭제(잘라내기)
p	붙이기

undo/redo 관련 명령(2장)

u	되돌리기
⟨CTRL-R⟩	다시 하기

검색 관련 키맵(4장)

fc	현재 행에서 c 문자를 검색(문자 하나만 가능)
;	fc 명령 후 c 문자를 재검색
,	fc 명령 후 c 문자를 역방향으로 재검색
/	검색 기능 호출

파일 관련 명령(5장)

<CTRL-^>	이전 파일 열기
ZZ	종료하면서 변경점이 있는 경우에는 저장(:x 명령과 동일)
gf	커서 아래의 파일명을 인식해서 열어줌

레지스터 관련 명령(6장)

"{reg}{cmd}	레지스터 reg에 대해 cmd 명령을 수행

녹화와 재생 관련 명령(7장)

qc	레지스터 c에 녹화 시작
q	녹화 종료
@c	레지스터 c 재생
@@	바로 이전 재생 반복

D.2 입력 모드

단어 완성 관련 명령(8장)

⟨CTRL-N⟩	현재 문서와 연결된 문서, 예약어를 검색하여 단어를 완성
⟨CTRL-P⟩	⟨CTRL-N⟩과 같지만 검색 방향이 반대임
⟨CTRL-X⟩ ⟨CTRL-N⟩	더하기 낱말 모드
⟨CTRL-X⟩ ⟨CTRL-K⟩ ⟨CTRL-N⟩	사전 검색 모드

D.3 명령행 모드

인수 검색과 확장 관련 명령(3장)

⟨TAB⟩	명령어 단어 완성 혹은 사용 가능한 인수 나열
⟨CTRL-D⟩	가능한 인수 확장

파일 관련 명령(2장, 5장)

:w [file]	파일을 저장(file이 지정되면 새로운 이름으로 저장)
:up	현재 파일이 변경된(update) 경우에만 저장
:x	종료하면서 변경점이 있는 경우에만 저장(:wq 대신 사용 권장)
:e [file	directory]	파일 혹은 디렉토리를 열기
:r ⟨file⟩	파일 끼워넣기
:n	다음 파일 목록으로 이동
:N	이번 파일 목록으로 이동
:n ⟨path|wiidcard⟩	파일 목록 추가

교체 관련 명령(4장)

:[range]s/⟨찾는 문자열⟩/⟨교체할 문자열⟩/⟨옵션⟩	특정 범위(range)에 대해 '찾는 문자열' 을 '교체할 문자열' 로 교체

문단 관련 명령(4장)

:center [cols]	가운데 정렬
:right [cols]	우측 정렬

창, 탭 관련 명령(4장)

:sp [file]	수평 창 분할(file 생략시 현재 파일)
:vs [file]	수직 창 분할(file 생략시 현재 파일)
⟨CTRL-W⟩ 방향키	방향키가 가리키는 창으로 이동
⟨CTRL-W⟩ w	다음 순서의 창으로 이동
:tabedit [file]	탭 페이지 열기(file생략시 이름없는 새 파일)
:tabn	다음 탭 페이지로 이동
:tabp	이전 탭 페이지로 이동
:tabc	현재 탭 페이지 닫기

약어 관련 명령(6장)

:ab [lhs]	약어 lhs 확인(생략시 모든 약어 리스트 출력)
:ab {lhs} {rhs}	lhs 입력시 rhs로 변환

레지스터 관련 명령(6장)

:reg [name]	레지스터 확인(name 생략시 모든 레지스터 출력)

단축키 관련 명령(7장)

nmap {lhs} {rhs}	lhs가 눌렸을 때 rhs를 수행(일반 모드 전용)
imap {lhs} {rhs}	lhs가 눌렸을 때 rhs를 수행(입력 모드 전용)
cmap {lhs} {rhs}	lhs가 눌렸을 때 rhs를 수행(명령행 모드 전용)
vmap {lhs} {rhs}	lhs가 눌렸을 때 rhs를 수행(비주얼 모드 전용)
nunmap {lhs}	lhs에 등록된 단축키를 해제(일반 모드 전용)

자동 명령 관련 명령(7장)

au {event} {pattern} {command}	event, pattern 조건 충족시 command 수행
au! [event pattern]	이벤트 해제

D.4 유용한 옵션

(set 명령과 함께 사용해야 합니다.)

ai	자동 들여쓰기
cindent	C 언어 스타일의 들여쓰기
ts	화면에 표시할 탭 크기
sw	블록 자동 들여쓰기 할 탭 크기
tw	너비(열) 크기 제한 (자동 개행)
fencs	파일 인코딩 리스트
et	탭 대신 공백 문자를 사용

찾아보기

ㄱ
교체(substitution) 66

ㄴ
녹화 127

ㄷ
단어 완성 146
단축키 122
들여쓰기 42, 142

ㄹ
레지스터 112
레지스터 114
레지스터 28
리틀 엔디안(little endian) 102

ㅁ
매크로 121
문자 세트 101
문장부호(punctuation) 106

ㅂ
바이너리 모드 70
백레퍼런스 79, 168
버퍼 97
복구 모드 56
복사 29, 118
붙여넣기 28, 119
비주얼 모드 32

빅 엔디안(big endian) 102

ㅅ
사전 검색 147
삭제 26, 118
스왑 파일 54
스크롤 24

ㅇ
약어(abbreviation) 111
오퍼레이션 펜딩 모드 109, 143
옵션 38
이맥스(Emacs) 4
이스케이프(escape) 68, 76, 168
일반 모드(normal mode) 16
입력 모드(insert mode) 16

ㅈ
재정렬 142, 145
전방 검색 63
정규 표현식 74
정렬 60

ㅊ
창 분할 86

ㅋ
콜론 모드(colon mode) 18
키 매핑 122

ㅌ

탭 페이지 91
텐 키 23
특수 문자 68, 73

ㅍ

표준 입력 85

ㅎ

하이라이트 서치 65
후방 검색 63

A

:ab 113
ai 42
alias 6
ASCII 73
autocmd 124
autocmd-events 127
autocommand 127
autoindent 40, 42

B

.bashrc 6, 99
:buffers 97
BufNewFile 125
BufRead 125
BufWrite 125

C

:ca 113
:center 60
cindent 42
colo 124
:colorscheme 47
CSV 62
CP949 103
CR 69, 112

CTRL-] 52, 112
CTRL-^ 83, 98, 116
CTRL-A 74
CTRL-C 17
CTRL-D 48, 51, 155
CTRL-G 25
CTRL-I 17
CTRL-N 146
CTRL-Q 71, 73
CTRL-R 119
CTRL-T 53
CTRL-V 71, 73, 112
CTRL-X 74, 147
CTRL-Z 17, 54
CUI 3, 4

D

daw 111
diff 91
diw 111

E

:e 83, 98
ed 2
:edit 83
encoding-values 101
et 144
EUC-KR 103
ex 3
expandtab 144

F

fencs 101
:file 25
fileencoding 103
fileformat 73
:files 97
FileType 126

g

gf 100

H

:help 50

I

:ia 113
imap 123
ins-completion 147

L

LF 69
:ls 97

M

motion 110

N

:n 84
:N 84
NERD tree 154
netrw 94
nmap 123
:nohl 66
normal 135
norm 135
nu 41
number 41

O

options 38

P

path 100

R

rc 6
redo 30
:reg 114
retab 144

S

:set 38, 39
shiftwidth 43
snipMate 156
source 46
:sp 87
strftime 112
sw 43
SwapExists 125
:syntax 46

T

tabstop 43, 143
:tags 53
textwidth 61
:TOhtml 149
ts 43
tw 44, 61

U

ucs-bom 102
:unab 113
undo 30
unmap 123
:up 86
utf-8 102

V

vimfiles 152
.viminfo
.viminfo 82, 119
.vimrc 44, 102, 113
_vimrc 44
vmap 123

:vs 88
v:swapchoice 125

W

:w 86

X

:x 86

Y

yiw 117

Z

ZZ 86

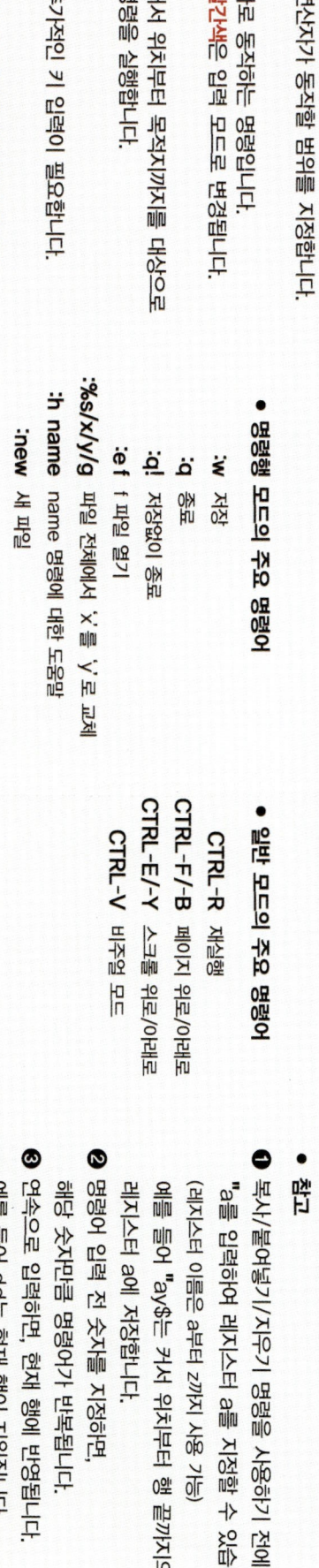
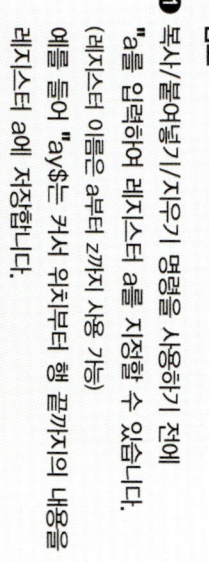
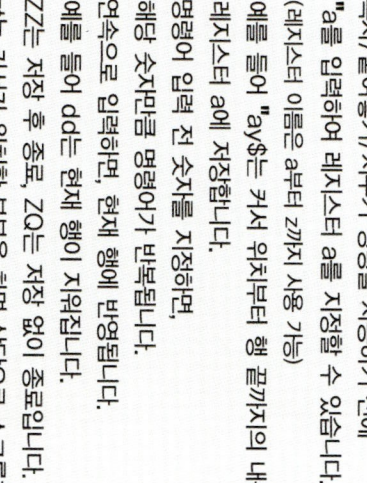
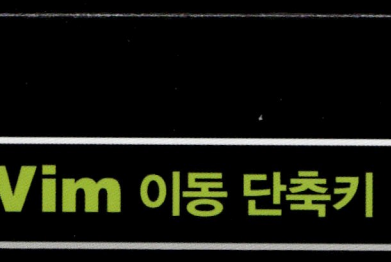
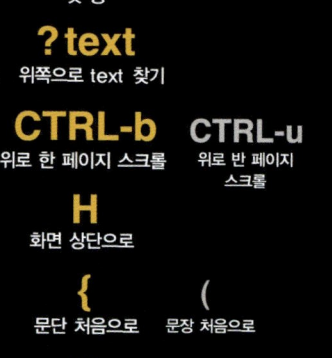